La poésie française du XIXe siècle

프랑스 19세기 시

La poésie française du XIXe siècle

도미니크 랭세

Dominique Rincé

강성욱 / 황현산 옮김

KOREA UNIVERSITY PRESS
고려대학교 출판문화원

LA POÉSIE FRANÇAISE
DU XIXE SIÈCLE
by Dominique Rincé

차례

서론 7

제1부 로망주의의 시대(1820-1850)

제1장 로망주의의 운동과 주장 17

제2장 로망주의 시인들의 세대 34

I 라마르틴(1790-1869) — 최초의 로망주의자 34

II 뮈세(1810-1857) — 심정의 시인 48

III 비니(1797-1863) — 시의 굴종과 위대함 59

IV 위고(1802-1885) — 로망주의의 화신 71

V 네르발(1808-1855) 89
— 로망파에서의 현대파의 선구자

제2부 시에 관한 이의제기의 시대(1850-1900)

제1장 파르나스파의 이의제기 101

I 고티에(1811-1872) — 선구자 102

II 르콩트 드 릴(1818-1894) 105

— 파르나스파의 지도자

III 파르나스파 시인들 111

제2장 보들레르의 혁신 119

제3장 상징주의와 현대성 146

I 로트레아몽(1846-1870) 147

— 시적 잔혹성과 시적 착란

II 랭보(1854-1891) — 지옥의 언어연금술 154

III 베를렌(1844-1896) 170

— 시에서의 인상주의와 멜로디

IV 말라르메(1842-1898) — 시의 극한에 182

V 데카당스와 상징주의 196

결론 210

약서지 214

1985년 초판 역자 후기 219

개정판을 내며 223

찾아보기 227

서론

프랑스의 19세기가 시의 영역에서 진정한 혁명을 체험한 것은 아마 그 전의 **계몽**의 세기가 이 장르의 실천에 필요불가결한 자발성과 열광을 너무 억눌렀기 때문일 것이다. 확실히 18세기는 시의 관점에서 위기의 시대였다. 물론 풍자시épigramme에서 서사시épopée에 이르기까지 시의 형식들이 이 철학자들의 시대에 사라졌던 것은 아니다. 도리어 그 반대다. 그러나 텍스트가 많다고 해서 영감의 부족과 기법혁신의 빈곤을 숨겨주지는 않는다. 철학적 합리주의의 요구에 의해 엄숙함이 강요되거나, 아니면 쓸데없이 세속적이고 방종한 것들의 무의미를 면할 수 없어, 18세기의 시는 적어도 1760년까지 "넋빠진 시"인 것이다. 그것은 퐁트넬이 《시론》에서 했듯이 세기 초부터 **현대파**의 공격을 받아왔으며, 열렬한 시옹호자는 거의 없었다. 물론 볼테르는 시를 변호했다. 그러나 그가 성실한 변호인이었다 할지라도 별로 좋은 시인은 아니었으며, 1728년의 보잘것없는 서사시 〈앙리아드〉에서보다 몇몇 비극에서 더 좋은 시인이었다고도 할 수 없다. 그에게서까지도 대개의 경우 부자연스런 수사학적 기교가 진정한 시적 감정보다 훨씬 우세한 것이다. 이러한 기교는 장-바티스트 루소(1641-1741)의 지나치게 비개성적인 서정성밖에 없는 풍자시에도, 들릴 신부(1738-1813)의 묘사적인 하나 너무 단조로운 시에도, 르브룅(1729-1807)의 매우 공들인 오드odes에도, 다시 말하여 이 세기를 통해 내내 나타나는 것이다.

이 세기가 끝나갈 무렵 폭력과 분열의 한가운데서, 오직 한 사람만이 주목할 만하다. 바로 그가 새로운 길을 열기 때문이며, 이 길을 특히 로망파들romantiques이 뒤따르게 될 것이다. 그란 앙드레 셰니에(1762-1794)다. 그를 시적 열광과 자유를 재발견하는 최초의 시인으로 만든 것은 아마 그의 혁명에 대한 열광과 자유에 대한 열렬한 욕구다. 그로서는 영감의 혁신이 없는 형식의 숭배란 더 이상 없다. 그는 이렇게 쓴다. "**기교**는 영혼의 열정을 전달하는 데 미력한 번역자다./**기교**는 시구를 만들 뿐, 마음만이 시인이다." 그리고 이 새로운 영감을 그는 약간 플레이아드파식으로 고대인들의, 특히 그리스인들의 조형상의 기여와 현재의 사회적, 철학적 또는 감정적 현실의 규명을 훌륭하게 종합하는 가운데 발견하게 된다.

그들의 가장 오랜 꽃들을 우리들의 꿀로 바꾸자.
우리들의 사념을 그리기 위해 그들의 색채를 빌려오자.
그네들 시의 불꽃으로 우리들의 횃불을 밝히자.
새로운 사상 위에 옛 시구를 짓자.

이렇게 해서 그는 《이앙브Iambes》[이앙브—12음절과 10음절 시구를 번갈아 사용한 격렬한 풍자시]를 통해 《징벌시집》의 위고에 앞서, 자코뱅파의 공포정치에 맞서 투쟁하는 최초의 참여 시인이 될 것이다. 또한 비니나 《밤》의 뮈세에 앞서, 자신의 시 작품을 마음의 선율의 표현 그 자체로 생각하는 최초의 시인이 될 것이다. 〈젊은 여죄수〉나 〈네아이라〉는 모두 그 예이다. 그리고 〈타랑트의 아가씨〉에서 그 첫머리의 율동적인 대담함은 극도로 섬세한 감수성과 결합되어 벌써 네르발적인 음악성의 매력을 예고하는 것 같지 않은가?

울어라, 다정한 알퀴온, 오 너희들, 성스런 새들아,
테티스가 사랑하던 새들, 다정한 알퀴온들아, 울어라.
타랑트의 아가씨 미르토가 죽었다.

18세기 말에 이러한 혁신의 입김이 느껴진 후, 마침내 위대한 시인들의 새 시대가 일어나는 것을 보기 위해서는 나폴레옹 제국의 몰락을 기다려야 한다. 1800-1820년대는 사실 별로 빛나지 않았다. 그리고 제국의 권세는 말하자면 보잘것없고 무미건조하며 관학풍의 시사적 서사시들을 낳았을 뿐이다. 이와 반대로 라마르틴이 《명상시집》을 발행한 1820년은 위대한 시적 열광의 실제적인 비약의 해로 간주될 수 있다. 이는 우선 로망파, 이어 파르나스파, 그리고 끝으로 보들레르와 그 계승자들인 1850년 이후의 상징파와 "현대적" 시인들로 되어, 나머지 19세기 전체에 그 흔적을 남기게 되는 것이다.

이러한 광대한 운동의 연대기와 구조는 명백하다. 사실 19세기의 문학사상과 문학활동은 보통 두 개의 대시기로 구분되고, 1848년의 혁명이라는 접점으로 이 두 시기가 연결된다. 1820년에서 1848년에 이르는 기간은 "사실주의의 시대"로, 그러나 또한 "상징주의"나 "이상주의"라는 이름의 운동 내지 사조에 의한 사실주의에의 이의제기 시대로 일컬어진다.

이 세기 전체를 통해 풍성하게 어디서나 나타나는 시가 이러한 일반적 시대구분에 꼭 들어맞는 것은 말할 나위도 없다. 지나치게 단순화함이 없이, 우리는 시가 1848년까지는 로망주의적일 뿐만 아니라 로망주의의 본질 그 자체의 토대를 이룬다고 확실히 말할 수 있다. 뒤이어 산문문학, 특히 사실주의 및 자연주의 소설에 깊이 새겨진 새로운 발견과 주장들이 매혹하는 역할과 추녀역醜女役을 동시에 맡아하면서 시의 흐름의 변천에도 영향을 미쳤다는 것 또한 매우 분명한 사실이다. 한편에서는 테오필 고티에, 르콩트 드 릴과 파르나스파 시인들이 "사실적"이며 "객관적"인 시를 꿈꾸기 시작할 것이다. 거기서는 기교적·심미적 작업이 내적 영감의 풍요로움보다 중요하게 되리라. 다른 한편에서는, 시의 역사에서 진정한 전차대轉車臺로 된 보들레르와 그의 정신적 아들들인 랭보, 베를렌 그리고 어느 정도는 말라르메가 시의 그와 같은 새로운 예속화를 거부하고, 반대로 시 속에 또 하나의 우주로 향하는 길을 탐구할 것이다. 그 우주는 현실 저쪽에 있으며, "미지"이며, 신비롭고 그윽하며, 동시에 우리에게 근본적으로 새롭고 독창적이며 현대적인 시의 "정수"를 발견하게 해주리라.

물론 이러한 연대상의 양분은 이 세기 전체에 대해서도, 이렇게 환히 구분된 각 대시기 내부에 대해서도, 시사詩史의 모든 뉘앙스를 설명하지는 못한다. 예를 들어 로망주의가 1850년에 결정적으로 죽었다고 할 수 없음은 자명하다. 저 위고가 1880년에도 여전히 작품을 발표하고 있으니 말이다! 마찬가지로 그 생존 기간으로 보아 분명 로망파 세대에 속하는 네르발은 그의 시쓰기 실천의 의미 자체를 생각한다면 이미 틀림없는 현대 시인이다.

그럼에도 불구하고 우리는 논리와 명확성을 고려하여 이 세기의 커다란 움직임의 연대적 진전에 따라 우리의 연구를 추진하기로 한다. 이 움직임은 역사적으로 매우 뚜렷이 [두 시기로 구분되어] 나타났으며, 우리는 이를 따로따로 살펴볼 것이다. 우리는 그 본질적인 주장들을 제시한 다음, 개개의 위대한 시인들이 고독과 재능의 독창성 속에서 그 주장들을 어떻게 살고, 어떻게 새로이 만들어냈는가를 보게 될 것이다. 우선, 시인과 시의 독립과 해방을 선언한 로망파 운동의 주장들을 해설한 다음, 우리는 대원칙들에 대한 약간 부자연스런 만장일치보다도 개개인에 의한 창조의 독창성 속에 실은 본질이 있음을 밝힐 것이다. 로망파 시인들의 진수는 라마르틴과 네르발에게서도, 위고와 소시인 · 무명시인 · "이류시인"들(로망주의가 이러한 시인들을 수많이 배출하게 되는 것도 모든 로망주의자는 또한 시인이었기 때문이다)에게서도 다 같이 그들의 고독 속에 있다. 이어서 우리는 선구자 테오필 고티에로부터 뛰어난 기교가 조제-마리아 드 에레디아에 이르기까지 파르나스파가 기도한 엄격한 요구와 한계를 해설할 것이다. 이 기도는 그러나 파르나스파의 지도자 르콩트 드 릴의 확고한 결의에도 불구하고 거의 미래를 가질 리 없었다. 진정한 시는 다른 데 있었기 때문이다. 이를테면 동시대에 쓰인 보들레르의 작품 속에. 우리는 그의 결정적인 역할을 밝힐 것이다. 그는 로망주의의 후예이자 생존 시에는 파르나스파의 협력자였으나, 사실은 바로 그가 시적 현대성modernité의 진정한 창시자였다. 우리는 이 현대성을 19세기 마지막 사반기의 탁월한 텍스트들 속에서 명확히 이해하도록 노력할 것이다. "말의 연금술사" 로트레아몽과 랭보의 텍스트, 베를렌이나 상징파 시인들과 같은 멜로디와 이미지의 마술사들의 텍스트, 끝으로 시를 시 자체의 경계에까지, 더 이상 말로는 아무것도 표현할 수 없게 되는 곳에까지 끌고 간 말라르메의 텍스트, 이러한 텍스트들의 분석은 우리에게 폴 발레리의 시이거나, 기욤 아폴리네르의 그것이거나, 초현실주의자들의 그것이거나 간에, 우리 20세기 여명기의 모든 탁월한 시들이 어떻게 거기에 뿌리박았는가를 엿보게 할 것이다.

제1부

로망주의의 시대
(1820-1850)

제1장 로망주의의의 운동과 주장

로망주의의 "유파"에 대해서보다 "운동"에 대해 말하는 것이 더 좋다. 사실, 로망주의는 개인의 주관성을 그토록 찬양하는 데 터전을 두었으므로, 그것이 구조와 교의를 갖춘 한 유파 속에서 확립될 수 있었으리라고는 생각하기 어렵다. 시인들이 가장 중요한 위치를 차지하고 있는 로망주의 운동도 그 자체로는 문학적 · 철학적 · 정치적 의견을 교환하는 몇몇 집회소들의 총체일 뿐이다. 서로 흔히 대립했으나, 이들 집회소는 주로 1820년에서 1830년까지 파리에 있었다. 이것들은 가끔 "세나클cénacles"이라 불리기도 했으나, 이는 그렇게 불린 이름 가운데 마지막이자 가장 유명한 것의 이름에서 유래한 것이다. 우리의 후자의 "세나클"에 대해 뒤에서 다시 말하기로 한다. 그런데 "세나클"란 무엇인가? 그것은 우선 하나의 장소이다. 개인의 살롱이며, 출판물의 편집실이며, 도서관의 뒷방이다. 그것은 또한 시인·작가·예술가·저널리스트들과 그들의 아내·애인·"시의 여신"들의 작은 모임이다. 끝으로 그것은 매우 자주 어떤 잡지이자 크고 작은 정기간행물이다. 거기에는 그룹의 갖가지 의견과 논쟁이 메아리친다. 그 총체는 일반적으로 스탕달이나 빅토르 위고가 각기 자기 진영에서 그랬듯이, 어떤 지도적 사상가, 진정한 "스승mentor"에 의해 지휘된다.

이들 집회소는 그 분위기에 의해서뿐만 아니라 가장 깊은 문학적 신념에 의해 서로 닮았지만, 왕정복고 시대의 그 역사는 적어도 1827년까지 논쟁과 집안싸움의 연대기로 요약된다. 그리고 무엇보다 놀라운 것은 이러한 적대관계가 결코, 혹은 결코라고 할 만큼, 순전히 문학적 차원에서의 그것이 아니라, 차라리 이데올로기적·정치적 차원에서의 그것이라는 점이다. 1830년 이전에는 단 하나의 일관성을 지닌 로망주의를 이야기할 수 없다고 말해두자. 서로 다르고 상반된 여러 개의 신념과 정치적 참여가 있듯이 여러 개의 로망주의가 있는 것이다. 실제로는, 십 년에 걸친 이 논쟁을 통해서 두 개의 큰 경향을 알아볼 수 있다. 한편의 보수파와 다른 편의 자유파이다.

1820년, 열여덟 살에 불과한 빅토르 위고는 두 형 아벨과 외젠에 둘러싸여, 친구 에밀 데샹의 지지를 받아 최초의 "세나클"을 창설한다. 그 기관지에는《문학 수호자Le Conservateur littéraire》라는 이름이 붙여질 것이다[이 잡지 자체의 창간은 1819년 12월]. 당시의 위고는 정치적으로 어느 한쪽의 경향에 참여하기를 피하고 있으나, 이 잡지의 제호는 그것만으로 이 그룹의 정치적 색깔을 드러내고 있다. 우리는 이 최초의 경험으로부터 두 가지 점만을 기억해 두기로 하자. 우선 앙리 드 라투슈의 출판사업의 덕택으로, 앙드레 셰니에의 작품이 보다 잘 알려지게 된 것은 이 그룹에서이다. 셰니에의 작품 속에 담긴 새로운 입김에 대해서는 이미 앞에서 보았다. 다음으로 이 그룹이 있는 것만으로 자유파의 반동을 이야기하기에 충분했다. 이에 대해서는 뒤에서 이야기하기로 하자. 1821년 두 번째 집회소, **소시에테 데 본-레트르**Société des Bonnes-Lettres[보수적인 가톨릭 · 왕당파의 문학단체]에 보다 조직적으로 재편성된다. 위고의 개성은 이 모임에서 더욱 분명해진다. 그리고 여기에서 샤토브리앙에게 바쳐지는 숭배와 견줄 만한 것은 오직 자유주의의 대담함에 대해 품는 증오뿐이다. 그러나 1823년에《프랑스의 시신詩神La Muse française》지誌에 모인 부대를 보아야만 보수적

로망파의 최초의 대집결을 말할 수 있다. 이번에도 다시 데샹과 위고가 그룹의 추진자이다. 그러나 이들 주위에 유명한, 또는 덜 알려진 일군의 시인들이 나타난다. 비니, 마르슬린 데보르드-발모르, 르브룅, 기로, 수메. 그들의 이데올로기는 본질적으로 여전히 기독교적·군주제주의적 제 가치의 존중에 기초하고 있으나, 그들의 문학적 주장은 보다 뚜렷이 나타나게 된다. 즉 고전주의의 협소함과 엄격함에 반대하지만, 창의의 지나침이나 전통의 경멸에 대해서도 반대한다는 것이다. 에밀 데샹은 이렇게 쓴다. "이제 가능한 영광은 우리의 고전주의 시인들이 전혀 빛나지 못했던 장르들에 있을 뿐이다. 존경심에서도, 신중을 기한다는 점에서도 그들이 걸은 길을 피해야 한다. 그리고 언젠가 그들과 필적하기에 이른다면 그것은 물론 모방하려고만 함으로써가 아니다."

고전주의가 걸은 길의 한계에 반대하는 보수주의자들의 이와 같이 온건한 태도는 자유주의 도당의 동의를 얻었다. 이 도당은 1823년에 주로 들레클뤼즈와 스탕달의 친구들로 이루어졌다. 그러나 1824년에 와서 진정으로 자유파가 조직된다. 그들 중의 하나인 폴 뒤부아가 새로운 신문《르 글로브Le Globe》를 창간한다. 이 신문은 《프랑스의 시신》처럼 일군의 기라성 같은 작가들, 특히 산문가들을 동원하게 된다. 여전히 스탕달, 그러나 또한 레뮈자, 생트-뵈브, 메리메. 이 신문의 어조는 《프랑스의 시신》의 그것보다 더 교조적이며 교의적이다. 요컨대 거기서의 주장들은 보다 급진적이고 보다 극단적이며 진정한 심미적 혁명을 찬양한다. 특히 스탕달은 가령 〈라신과 셰익스피어〉라는 중요한 제목의 논문을 씀으로써 그 가장 빛나는 이론가였다. 몇 가지 견해에 대한 극단주의는 요지부동의 위고와 아르스날 도서관의 사서 샤를 노디에를 중심으로 그해 1824년에 재편성된 보수파들과 또다시, 그리고 여전히 충돌한다. 노디에는 그룹에 넓은 장소를 제공하고, 거기에는 문학적·사상적 절충주의 때문에 《르 글로브》의 인사들과는 아직 소원한 사람들이 모두 의견을 교환하기 위해서만이 아니라 춤과 놀이 등 경박한 사교를 위해 모여든다. 시인으로 라마르틴, 네르발, 고티에, 소설가로 뒤마와 발자크, 화가 들라크루아, 조각가 다비드 당제.

그런데, 1825년부터 두 개의 현상이 이데올로기 논쟁으로 분열된 두 파를 접근시키는 데 기여하게 된다. 한편으로는 정치적인 면에서. 여전히 존경받고 중히 여겨지는 두 사람, "거룩한 조상"의 샤토브리앙과 **스승** 위고가 자유주의에로 기울고, 그들의 태도를 **아르스날의**

살롱에 모이는 대다수의 작가들이 따르게 될 것이다. 또 한편으로는 순전히 문학적인 면에서. "**고대파**", 아카데미 회원들, 문학에 대해 발전과 개화의 권리를 거부하는 모든 자들의 점점 커가는 독기가 공동의 적에 대항하는 로망주의적 "**현대파**"의 모든 원기를 동원케 한다. 어떤 의미에서는 로망파 속의 경쟁자들보다 한층 더 억센 보수주의자들에 대항하여 자신들의 주위에 통합체를 만들어내는 것은 자유주의자들이다.

1827년, 실질적인 단결은 아니었으나 이 두 경향의 타협은 빅토르 위고가 제왕처럼 이끄는 **세나클**의 결성으로 분명히 실현된 것으로 보인다. 위고는 고전주의의 보루에 대한 진정한 탄핵이자 새롭고 해방된 문학에의 신앙고백인 대드라마 〈크롬웰〉의 서문에서 제시한 갖가지 대담한 견해가 갈채를 받아, 이제 온통 후광에 휩싸이고 있다. 노트르담-데-샹 가에 있는 그의 아파트에서 마침내 뮈세와 생트-뵈브, 비니와 메리메, 발자크와 레뮈자가 함께 만난다. 1830년의 결정적인 해산에 이르기까지 3년 동안 로망주의의 중요한 주장들이 주로 토의되는 것도 바로 여기다. 이제 우리는 이 세기 전반의 위대한 인사들, 예외 없이 위고의 **세나클**에 드나들던 이 모든 사람들이 남긴 시 작품의 독창성을 보다 잘 이해하기 위해 우선 그 주장들을 뚜렷이 해야 한다.

시에 대한 로망파의 주장이나 이론을 말하기 전에, 시가 로망주의의 핵심에 얼마나 근본적인 위치를 차지하고 있었는가를 강조해야 한다. 로망주의가 조금도 없는 시는 없다고 한다. 또한 시인이 아닌 로망주의자는 없었다고도 말할 수 있다. 시는 가에탕 피콩이 말한 것처럼, "로망주의의 정신 그 자체", 로망주의의 의의, 로망주의의 실질이었다. 로망주의자들의 문학적 자각은 한결같이 무엇보다도 먼저 시적 자각, 다시 말해서 바로 시 속에 선택된 땅이 있으며 거기서부터 혁신된 표현 형식들이 필시 다시 태어나리라는 확신이었다. 가에탕 피콩은 이렇게 쓴다. "로망주의자가 된다는 것, 그것은 무엇보다도 먼저 시를 믿는다는 것이었다."

1820년대에 있어서 이러한 확신은 그 이전의 두 가지 확인에 근거한다. 고전주의 결함을 이제는 용납할 수 없다는 확인, 그리고 유럽에는 열광이나 자연적인 서정으로, 또한 형식의 자유로 이루어진 다른 문학이 존재한다는 확인.

따라서 여러 세나클에 모인 젊은 로망주의자들의 요구는 우선 고전주의 정신의 비타협성에 반대하여 일어난다. 이미 샤토브리앙이나 스탈 부인처럼 이 세기의 첫 세대에 속하는 연장자들은 지난 시대에 존중되던 고전주의의 갖가지 구속들에 도전했었다. 스탈 부인의 이대 저작, 1800년에 나온《문학론》과 1814년에 발간된《독일론》에서 이러한 성찰의 움직임이 싹트고 있음을 알 수 있으며, 이 움직임은 후에 고전주의를 일종의 추녀 역으로, 이제는 고발해야 할 "인성에 어긋나는" 문학현상으로 만들 것이다. 초기의 로망주의자들은 고전주의의 무엇을 비난하는가? 본질적으로는 그 형식상의 엄격함이다. 규칙과 예절에 대한 지나친 중시, 금지사항의 영구성, 장르의 편협함. 한마디로, 예술의 자유라는 이름으로 고발되는 모든 기법상의 구속이며, 메시지의 자유라는 이름으로 고발되는 모든 형식상의 속박이다. 이때 고전주의자들 속에 있으면서 그 중압에 항거한 사람들이 추모를 받은 것은 전혀 놀라운 일이 아니다. 위대한 라신에게 바친 스탈 부인의 찬탄이 바로 그 증거이다.

이러한 부정적 비판들과 평행하여, 벌써 혁신의 길을 보여주고 있는 유럽의 여러 외국문학에 대한 대열광이 이 세기 초에 일어난다. 여기서도 스탈 부인의 역할은 결정적이었다. 대여행가인 그녀가 이론의 여지 없이 19세기 전반기를 특징짓는 방대한 코스모폴리티슴 운동의 기원에 서있다. 그녀는 이렇게 쓴다. "여러 국민들은 서로가 안내자의 역할을 해야 하며, 당연히 자기 것으로 할 수 있는 지식을 스스로 금해버린다면 모든 국민은 잘못을 저지르는 것이리라." 그리고 특히, 예를 들어 칸트, 피히테, 셸링 등의 위대한 독일 철학과 프랑스의 운동을 앞서는 독일 로망파의 첫 세대(괴테와 실러, 노발리스와 횔덜린이 그 가장 특출한 인물들이다)를 프랑스가 발견하게 되는 것도 바로 그녀의 덕택이다. 비록 그 정보가 미흡하고 그 평가가 때로는 남을 놀라게 하기도 하지만, 그녀는 필경, 1820년 이후 여러 클럽과 세나클에 번지게 될 일종의 심취를 야기시킨 것이다. 바로 그러한 곳, 토론으로 앙양된 분위기 속에서 자기네와는 다른 외국문학에 대한 지식과 비평이 바야흐로 꽃필 참이었다. 사람들은 거기서 셰익스피어를 다시 공부하고, 거기서 영국의 초기 로망파 영, 오시안, 번스를 읽고, 거기서 벌써 바이런과 키츠를 이야기하고, 거기서 또한 단테나 스페인 연극의 대가들을 재발견한다. 유럽의 사방에 모여들어, 때로는 시간의 망각 속에서 다시 솟아오른 이 모든 이름들은 이제 지향해야 할 저 "다른" 문학의 본보기와 선구자로 인용되는 것이다. 그들 모두가 읽히고 낭송되고 갈채를 받는다. 그들의 작품 속에는 개성적인 재능의 힘이 쏟아져 나올 수 있었기 때문이다. 로망파들이 말레르브 이후 프랑스 문학에는 없었다고 고발하는 그 힘이다.

그런데, 루소, 베르나르댕 드 생-피에르 그리고 저 18세기 말의 모든 "민감한" 작가들 이후, 개인은 자신의 심정을 토로하고, 자신을 탐색하며 자신에 대해 질문할 권리를 되찾았다. 1800-1820년대의 본질적으로 자서전적인 문학(샤토브리앙의 《르네》, 스탈 부인의 《델핀》과 《코린》, 스낭쿠르의 《오베르만》, 뱅자맹 콩스탕의 《아돌프》)은 모두 이러한 재발견이 바로 개성과 독창성을 통해 **자아**MOI의 문제를 제기한 작가들에 의해 이루어진 것임을 가장 구체적으로 나타내는 표시이다. 사람들은 고전주의자들의 "영혼"의 투명성이나 **계몽주의**의 "정신"의 이성적 확신에 의해 감추어져 있었던 한 인간의 깊이, 혼란, 모호성을 이 개성과 독창성을 통해 다시 배운다. 그리고 새로운 시인들이 글쓰기의 터를 잡고자 하는 곳은 바로 "마음" 속, 정신의 뒤, 영혼의 밑바닥이다. 그들에게 있어 시는 그들 존재의 독창적이며 근원적인 깊이에서 나오는 언어에 의한 표현 그 자체로 될 것이다. 하나의 낱말이 그들의 글 속에 자주 나타난다. 그것은 말verbe에 의해 이야기되어야 할 저 그윽한 "실질"을 완벽하게 정의하고 있다. 그것은 "*내면성*"이라는 낱말이다. 내면성은 라마르틴에게 시의 대상 그 자체, 진정한, 전체로서의 존재, 외현으로부터는 해방되고 낱말들의 계시력에 의해 맡겨지는 존재로 될 것이다. 그는 이렇게 쓴다. "시는 특히 *내면적*이며 개인적인 것이 되리라. (…) 영혼의 가장 신비한 인상들을 알리는 깊고 현실적이며 진솔한 메아리로 되리라. 시는 인간 그 자체로 되어 더 이상 인간의 이미지로 되지 않으리라. 진솔하고 전체적인 인간이 되리라. 그리고 시에 의해 시인이 모든 사물의 내면성에 접근하게 되는 것도 이렇게 해서 재발견된 존재의 내면성 속에서다. '시란 만물 속에 있는 모든 *내면적*인 것'이라고 위고는 쓰고 있다."

젊은 로망파들의 시는 주관성의 깊이에 뿌리박고, 그 깊이에서는 마음의 충동밖에는 다른 법칙이 없는 만큼 그것은 *자유*의 시이기도 할 것이다. 이것은 그들에게 해방된 시와 자유로운 시를 의미한다. 우선 전통의 예속으로부터 *해방된* 시. 확실히 로망파의 시에는 진정한 형식상의 혁명은 없으리라. 그러나 글쓰기의 실천에 관한 본질적인 문제점은 그들에게서 수정된다. 이세 더 이상 형식과 그 갖가지 구속이 내용이나 영감의 "풍부함"을 억누를 수는 없을 것이다. "시는 사상을 나타내는 형식 속에 있는 것이 아니라, 사상 그 자체 속에 있다"고 위고는 쓴다. 이제부터 시는 영감이 자연스럽게 시인에게 넘겨주는 것 속에서 시인이 하는 선택으로 되며, 이 영감이 형식·기법상의 선택의 동기로 될 것이다. 로망파 시인은 말의 독창성과 언술discours의 진실성을 일치시키려고 노력할 것이라고 말해두자.

이러한 새로운 전망은, 뒤에서 보듯이, 놀라운 기법상의 발견이나 그 대담한 시도의 시발점이 되지는 않을 것이다. 그러나 이제 벌써 몇 가지 중요한 혁신이 이루어지고 있음을 강조해 두자. 가령 12음절시구alexandrin는 고전주의자들에게서와 마찬가지로 로망파들에 의해서도 여전히 가장 많이 사용되는 시구이지만, 이들은 그 내부의 분절들articulations을 최대한으로 이용함으로써 이 시구를 유연하게 하려고, 위고의 말처럼 그것을 "파괴"까지도 하려고 끊임없이 노력한다. 여기서부터 매우 풍부한 리듬이나, 단조로운 이운각二韻脚의 시구와 대체로 번갈아 오는 삼운각三韻脚의 시구가 나타난다. 또한 여기서부터 수많은 시구의 보내기rejets·역보내기contre rejets·걸치기enjambements가 나온다. 그러나 확실히 가장 흥미로운 혁신은 로망파가 이미지에 의한 시적 표현의 영역에 가져오는 그것이다. 그들은 시가 작가의 감동과 독자의 그것 사이의 공감대로 생각됨에 따라, 그들은 접촉이나 융합을 자아낼 수 있는 방법들의 개발에 최선을 다해야 했다. 이렇게 해서 이미지는 그 구상적인 힘, 그 직접성, 언술 구조에 있어서의 그 역학적인 효과에 의해 그들의 시법에 있어서 근본적인 수단으로 될 것이다. 물론 고전주의의 시에서도 이미지가 추방되지는 않았지만, 차라리 그것은 언술의 "장식"으로, 추상적이긴 하나 결국 이미지보다 "진실한" 말의 미적 대체물로 생각되었다. 로망파들에 있어서 이미지는 그 모든 형태(직유, 특히 은유) 아래, 시라는 피륙의 살아있는 섬유로 되어가며, 그 섬유 속에서 감동이 퍼지고 폭발할 것이다. 시인의 내면성의 이상적이고 간결한 결정작용이라고도 할 이 이미지는 독자에게 확인과 교류의 장소가 될 것이다. 그것은 더할 나위 없는 시적 공간으로 창조적 감동과 "비평적" 감동의 종합이 시도되고, 뒤에서 보게 되듯, 자주 성공도 하는 장소로 될 것이다.

시를 이해하는 방법에 있어 독창적이지만 혁명적이지는 않았던 로망파들은 시 장르의 전통을 뒤엎는 것도 아니었다. 애가조의 소네트sonnets나 풍자적 내지 사적인 서한시épitres나 역사적 내지 철학적인 서사시épopées는 다 마찬가지로 그들의 작품에서 우리가 다시 보게 되는 전통적인 장르들이다. 그러나 당연한 일이지만, 그들의 시에서 서정시의 장르가 그 다양한 형식 아래 맡고 있는 주된 역할에 주목하자. 스탈 부인은 이미 《문학론》에서 이 장르가 주관성을 표출할 필요와 로망주의의 신조에 완전히 일치하고 있음을 분명히 보여주었다. "서정시는 작가 자신의 이름으로 표현된다. 작가는 이미 어떤 작중인물 속에 자리잡는 것이 아니라, 자신이 사로잡혀 있는 갖가지 마음의 움직임을 바로 자기 자신 속에서 발견하는 것이다. (…) 영감은 예술에서 첫마디부터 마지막 말에 이르기까지 생명을 불어넣는 무궁무진한 샘이다. 사랑, 조국, 믿음, 모든 것이 오드 속에 높이 받들어져야 하며, 그것은 곧 감정의 신격화이다. 서정시의 진정한 위대성을 이해하기 위해서는 몽상에 의해 천계天界의 에테르 층을 방황하여, 지상의 소음을 잊고 하늘의 해조에 귀를 기울이며 우주 전체를 영혼의 감동의 한 상징으로 간주해야 한다."

로망주의의 시는 해방된 시이므로 또한 *자유로운* 시가 되고자 했다. 그러나 이 자유는 그 나름의 요구를 가진다. 주관성에, 아니 개인주의에까지 그 기초를 두면서도 로망주의의 시에는 전혀 이기주의적인 것이 없다. 정반대로, 위고, 라마르틴, 비니는 자신들의 작품 속에서 획득한 자유가 또 하나의 해방에, 말하지 않는 자들의,

시어의 재능을 얻지 못한 자들의 해방에 도움이 되어야 한다는 신념을 가지고 있었다. 그리고 이 신념으로 하여 그들은 벌써 1800년에 스탈 부인이 시인의 새로운 사명에 대해 내린 다음과 같은 정의에 다시금 가까워지고 있었다. "가슴 속 깊은 곳에서 느껴지는 것을 말로써 드러내는 재능은 매우 희귀하다. 그러나 생생하고 깊은 애정을 가질 수 있는 모든 사람들에게는 그 어떤 시가 있는 것이다. 표현력이 부족한 사람들은 표현을 찾아내는 데 익숙지 못하다. 시인은, 말하자면 영혼의 밑바닥에 갇혀 있는 감정을 끌어내 줄 뿐이다. 시의 재능은 하나의 내적 기질이며, 어떤 고귀한 희생을 가능케 하는 기질과 같은 성격의 것이다." 자유로운 시인은 따라서 말하지 않는 자들을 대신해서, 자신들의 벙어리 신세와 예속을 알지도 못하는 자들을 대신해서 말할 것이다. 이런 의미에서 주목할 것은, 가령 비니와 같은 몇몇 사람이 시인의 직접적인 정치참여를 인정치 않는다 하더라도, 아마 뮈세를 예외로 하고 모든 로망주의자들이 민중에 대한 절대적인 신앙에 고무되리라는 점이다. 그들은 자신들을 민중의 대변자는 아니더라도 적어도 투시력과 영감을 받은 그 안내자라고 느끼고 있는 것이다.

자아의 시, 자유의 시, "전도사적" 시, 여기에 벌써 로망주의 시의 기본적 체질을 나타내는 세 가지 면모가 있다. 끝으로, 네 번째의 그것을 강조해 두자. "투시자 *voyant*"의 시다. 물론 로망파 자신들은 이를 그다지 명백히 표명한 것은 아니지만 뒤이은 우리 프랑스 시의 역사에 있어서는 이는 더욱더 중요하게 되리라. 스탈 부인이 강력히 요구했던 진정한 시인의 자질을 상기하자. "우주 전체를 영혼의 감동의 한 상징으로 능히 간주할 수 있어야 한다." 시의 마술적이고 상징적인 힘에 대한 이러한 직관은, 비니건, 위고건, 또는 네르발이건 간에, 로망파들에게 분명히 있었다. 보들레르와 이른바 "상징파" 시인들보다도 먼저, 그들은 **자아**와 세계의 신비롭고 본질적인 통일을 훨씬 훌륭하게 복원할 수 있는 것은 산문 작품보다 바로 시에서임을 느끼고 있었던 것이다. 그들은 인간과 자연의 명시적이며 함축적인 이중의 언어를 말 속에 결합시키는 시가 예언적이고 주술적이며 기적적인 힘을 지닌다고 믿었던 최초의 사람들이다. 〈가장 새로운 말Novissima Verba〉의 라마르틴, 《어둠의 입…》 시편들의 위고, 《환상》과 《불의 딸들》의 네르발은 "현대 시인들"보다 먼저 개인의 내면성에 뿌리박은 시편이 "다른 곳과 피안"의 신비를 이해하는 데 기여할 수 있는 것을 예감하고 있었다. **자아**의 내적 고독의 탐색으로부터, 희미하게만 보였던 충만된 세계의 계시에 이르기까지, 이것이 위대한 로망주의 시인들의 수많은 재능이 택한 그 다양한 길을 뒤따르면서 우리가 이제 답사해야 할 도정인 것이다.

제2장 로망주의 시인들의 세대

I. 라마르틴(1790-1869)

최초의 로망주의자

1820년 3월 13일,《명상시집》의 간행은 우리 프랑스 시의 역사에 명백히 신기원을 긋는다. 이 시집은 얇고, 불과 스물네 편의 시가 수록되어 있을 뿐이며, 게다가 그 대부분은 별로 길지도 않은 시들이다. 그러나 이 책의 성공은 대단할 것이며 이른바 로망주의 시의 도래를 알릴 것이다. 라마르틴 자신도 이 시기부터 벌써 "척후"와 개혁자로서의 자기 위치를 의식하고 있다. 그는 이렇게 쓴다.

> 나는 시를 파르나스 산에서 끌어내리고 사람들이 **시의 여신**이라고 불렀던 것에 관습의 칠현금 대신, 인간의 심

금 그 자체를 준 최초의 사람이다. 그 심금은 자연의 영혼이 나타내는 무수한 전율에 닿아 감동하는 것이다.

그러나 아마 부당하게도, 역사가·정치가이기도 했던 이 사람에 대해 우리의 문학비평이 유념하게 되는 것은 거의 이와 같은 순수 서정의 선도라는 점뿐이다. 여기서 우리는 라마르틴에게 있어서 개인적 서정이 오직 그것만이라고는 생각할 수 없으며, 언제나 신비적이며 사회적인 이중의 성찰에 이르고 있음을 밝히고자 한다.

확실히 1820년의《명상시집》과 그보다 3년 후에 발간된《신명상시집》은, 외국에서 괴테와 바이런이, 프랑스에서 스탈 부인과 샤토브리앙이 이미 시사한 바 있는 저 내면적인 서정의 시적 개화이다. 거기에서는 오직 자기 고백을 통해서만 진정되는 "마음"의 저 고통스런 불안이 남김없이 발견된다. 라마르틴의 고통은 쥘리 샤를 부인과의, 질병과 죽음으로 끊어진 애정관계에서 연유한 것이다. 부인은 결핵에 걸려 1817년 파리에서 사망했다. 마음속에 모진 상처를 입은 시인은 자기에게서 아직 단말마에 시달리는 연인, 엘비르를 앗아가는 냉혹한 시간의 흐름을 환기하기 위해 저 롱사르와 같은 어조를 되찾는다.

서두릅시다, 즐깁시다!
인간에겐 항구가 없고 시간에는 기슭이 없으니,
시간은 흐르고 우리는 사라집니다!

—〈호수〉

그리고 모든 것이 끝났을 때, 그는 바로 자연에게 자기의 정열에 대한 증언, 추억, 또는 망각을 내맡긴다. 호수의 기슭에게.

구슬피 소리 내는 바람이여, 한숨짓는 갈대여.
향기로운 대기에 섞인 은은한 내음이여,
여기 들리고, 보이고, 풍겨오는 모든 것들이여,
말해다오, "그들은 사랑했다"고!

또한 골짜기의 우묵한 곳에.

나는 너무 보았다, 너무 느꼈다, 너무 사랑했다, 내 인생[에서.
나는 살아서 저 레테 강의 정적을 찾으러 왔다.
아름다운 곳이여, 나를 위해 망각의 물가가 되어다오.
망각만이 이제는 나의 지복.

라마르틴과 더불어 자연은 시적 공간을 완전히 다시 점유한다. 오직 자연만이 그 영속성을 통해 **자아**에게 시간의 덧없음에 멍든 그 내면성의 개화와 지속을 보장한다.

그러나 자연이 저기서 너를 부르고 너를 사랑하고 있다.
자연이 언제나 열어놓은 그 가슴에 뛰어들어라.
너에게 모든 것이 변할 때도, 자연은 한결같고,
한결같은 태양이 너의 나날에 떠오른다.

—〈골짜기〉

그러나 라마르틴에게 있어서 자연이 벌써 《명상시집》에서부터 위대한 "위안자"로 되고 있는 것은, 그가 자연 속의 어떤 초월적인 힘의 존재를 이미 분명히 알아차리고 있기 때문이다. 그 힘은 마음의 침묵 속에서와 마찬가지로 자연 속에 뚜렷이 나타난다.

신은 자신을 알아보도록 지혜를 창조하였으니,
마침내 자연 속에서 그 조물주를 발견하여라!
한 목소리 침묵 속에서 정신에게 말하노니,
그 누가 마음속에서 이 목소리 듣지 못했는가?

—〈골짜기〉

상처 입은 **자아**에게 자연은 이 세상 밖과 시간 저쪽에서의 구원의 길을 가리키지만, 이러한 정신적 탐구의 의식은《명상시집》에서는 아직 확실치 않다. 우리가 거기서 읽을 수 있는 것은 신성에 대한 진정한 갈망이라기보다 인간의 모든 불안, 모든 쓰라림, 모든 절망의 결정이다.

그대에게 인사하노라, 오 **죽음**이여 천상 같은 해방자여.
(…)
피곤한 내 눈동자 빛이 부시어 감길 때
그대는 찾아와 더욱 맑은 날빛으로 내 눈까풀을 적신다.
그리고 그대 가까이 **희망**은 무덤 위에서 꿈꾸며,
신앙에 의지하여, 내게 더욱 아름다운 세계를 열어준다
(…)
무엇을 주저하느냐? 나타나거라, 마침내 내가 뛰어들
[수 있도록
나의 시작이자 끝이기도 한, 저 미지의 **존재**를 향해!
—〈불멸〉

《시적·종교적 해조諧調》는 1826년부터 1828까지 이 시인-외교관의 피렌체 체류기에 그 대부분이 씌어지고

1830년 프랑스에서 발간된 것이지만, 그 정신적·신비적 탐구를 두드러지게 심화시키고 있다. 라마르틴으로서 볼 때 이 마흔여덟 편의 새로운 시는 그 모두가 "신에게로 올라가기 위한", **자아**를 **거룩함**의 인식에까지 높이기 위한 단계들이다. 라마르틴의 종교적 감각에 대해서는, 그가 실제로 신앙을 가졌는지 여부에 대해서까지 많은 논란이 있어왔다. 그의 수많은 텍스트들은 확실히 일종의 "철학적 신앙"을 보여주고 있으나, 바로 이 점이 그를 18세기의 이신론적理神論的 철학자들의 마지막 후예의 하나로 만들고 있는 것이다. 그에게 있어서 신의 존재는 **삼라만상**의 모든 존재 자체에 의해 명시되고 찬양되지만, 그것은 근본적으로 여전히 파악할 수 없는 것, 인식할 수 없는 것이며, 인간은 그 속에서 길을 잃고 동시에 자기를 아는 것이다.

그대에게 바친다, 위대한 **모든 것**이여, 그대에겐 태양도 [희미한 불꽃일 뿐,
밤도 낮도 정신도 귀착점은 오직 그대!
전 우주의 생명, 그 거룩한 밀물과 썰물이여,
모든 것이 삼켜지는 **존재**의 드넓은 바다여!

—《시적·종교적 해조》

사물마다, 존재마다 신을 계시하지만, 그러나 신을 인식하게 해주지는 않는다. 무한은 언제나 인간의 인식과 명상의 유한성을 벗어난다.

생명! 이 한마디만으로 모든 눈, 모든 사고는
어쩔 줄 몰라 조아리며 감히 파고들려 하지 않는다.
그것은 무한의 문턱에 세워진 경계표,
현명한 무지와 미련한 대담함이
　　　거기 모여 경배를 올린다.

—〈떡갈나무〉

그러나 라마르틴의 종교는 가끔 그렇게 보이는 것만큼 추상적인 것도 유토피아적인 것도 아니다. 그에게는 샤토브리앙을 느끼게 하는 면이 있으나, 또한 라므네[기독교 사회주의 사상가, 1782-1854]를 연상케 하는 면도 있다. 라마르틴이 신성을 "이해"하려다 기진한다 하더라도(그는 〈가장 새로운 말〉에서 "내가 숭배하는 대상을 무엇이라 불러야 할지 모르는 것이 죽도록 괴롭다"고 쓴다), 이 무력함은 신의 존재만이 보다 자유롭고 보다 의로운 세계를 보증해 준다는 그의 확신을 추호도 허물지 못한다. 신은 또한 **섭리**이기도 하며, 《시적 · 종교적 해조》의 시인은 루소의 [《에밀》에

나오는] 사부아의 보좌신부처럼 인간세계에 찍힌 신성의 좋은 표지를 믿고 있다. 그것을 보여주는 것이 그의 임무다.

이러한 점이 아마《조슬랭》(1836)과《천사의 타락》(1838)이라는 놀라운 시의 종합으로 구성되는 저 방대한 서사시의 기도에 부여되어야 할 의미일 것이다.《조슬랭》의 8천 행으로 애정의 여정이 곧 영적인 여정이기도 한 두 사람의 이야기를 말하면서, 라마르틴은 신성을 향하여 가는 인류의 서사시를 상징적으로 그리고자 한 것이다. 어떤 사람들은 이 텍스트를 "사회적 기독교의 서사시"라는 말로 부르기까지 했다. 이 표현은 어쩌면 너무 강할지도 모른다. 그러나 이 작품에서 분명히 라마르틴은 육체적 앙양, 정념으로 말미암은 즐거움과 혼란, 미적 관상觀想 등이 모든 것의 근원인 신성을 궁극적으로 인식하기에 이르지 않는다면 얼마나 무의미한가를 보이고자 했던 것이다. 신성은 기쁨의, 지혜의 근원이지만 또 특히 그 언어의 극한에서 인간의 마음에 넘치는 저 창조적 편재를 드러내려고 노력하는 시 자체의 근원이다.

마침내, 마음속의 감동에 겨워 기력이 다한 듯,

우리 둘은 조용히, 나란히 앉았다
(…)
우리들의 마음은 너무나 가득하여 말이 없었다
(…)
그가 내게 말했다, 오! 나는 느낀다, 내 마음은 터질 것
[만 같다
내 영혼은 저를 털어놓으려고 말을 찾으나 헛되다.
내 영혼은 불의 말을 만들고만 싶다,
자연과 신을 향하여 행복을 외치기 위해.

—《조슬랭》

이렇게 해서 라마르틴의 여정은 신에 이르기 위해 미덕에 의한 희생과 고통에 의한 속죄를 거친다. 그러나 더욱 구체적으로는 **노동**, 그중에서도 특히 가장 "자연적"인 **노동**으로서의 농사 등, 인간의 활동에 대한 전적인 의미의 재발견을 거친다. 누구나 다 시인이 **농부들**에게 바친 아름다운 시구를 기억한다. **농부들**의 활동은 곧 신성에 대한 예배이자 직접적인 예찬이다.

오 노동이여, 세계의 성스러운 법도여,
너의 신비는 곧 이룩되리라!

흙덩이를 기름지게 하기 위해선
땀으로 누그러뜨려야만 하리라.
대지의 자식이며 열매인 인간은
이 어머니의 옆구리를 가른다,
열매와 꽃들이 싹터 오르는 곳을.

이러한 텍스트는 또한 우리에게 라마르틴 작품의 세 번째 면모를 엿보게 한다. 사회적·정치적 면모다. 그는 《조슬랭》을 쓰기 조금 전, 1834년에 〈시의 운명에 대하여〉라는 제목의 논설에서 자신의 시의 실천에 부여하고자 하는 결정적인 의미를 힘차게 단언했다. "시는 우리가 서정적이라는 이 말을 이해하고 있는 의미에서는 더 이상 서정적인 것이 되지 않으리라(…). 시는 철학적·종교적·정치적·사회적인 것이 되리라(…). 시는 민중적인 것이 되려 하고 있으며, 종교나 이성이나 철학처럼 대중적인 것이 되려 하고 있다." 따라서 그에게 있어서 심정의 비약과 신앙의 확신은 진정한 사명의 수행 속에 꽃피어야 한다. 말할 수 없는 자들을 내신하여 말할 것, 자유를 위해 말할 것, 세계 민중들의 우애로운 미래에 대한 자기의 확신을 외칠 것. 정통 왕조주의자에서 자유주의자가 되고, 민주주의와 사회정의를 확신하게 된 그는 지난날의 한탄이나 애가에 절망하고 진저리를 느낀다. 1837년이라는 작품 연대가 적힌 〈펠릭스 기유마르데에게 보내는 서간시〉는 이 포기를 증명한다.

> 형제여, 이제 그런 때와는 다르네,
> 자신의 목소리에 스스로 측은해지는 연약한 여자처럼
> 내 영혼의 한탄과 한숨소리에 귀를 기울이던 그런 때와는.

그러나 라마르틴에게서 이러한 사회적 관심은 운명이 그를 최고위의 정치적 직책(1848년 그는 임시정부의 수반이 될 것이다)으로 인도했을 때에 비로소 시작되는 것이 아니다. 실제로 그는 7월 왕정의 시작부터, 가령 1831년의 〈혁명에 관한 오드〉에서 제諸 국민의 불가역의 진보를 믿는다고 밝히고 있었다. 그는 1840년 이후의 몇몇 시 작품에서도 다시 같은 주제를 다룰 것이다. 그중에서 가장 유명한 작품의 하나는 〈평화의 라마르세예즈〉(1841)다.

> 나의 조국은 프랑스가 빛나는 모든 곳,
> 프랑스의 진수가 눈부시게 반짝이는 모든 곳!
> 누구든 그 지성의 풍토에 따르는 법.

나는 사고하는 모든 영혼의 동국인.
　　진실, 그것이 나의 나라!

그러나 종교적 영감도 정치적·사회적 영감도 늙어가는 라마르틴의 서정적 숨결을 죽여버리지는 않았다. 이 숨결은 그에게 있어서 지워버리기에는 너무나 근본적이고 너무나 "본질적"이다. 그러기는커녕, 그의 서정적 재능이 완전한 모습으로 다시 나타나는 것은 1857년에 쓰인 그의 마지막 시 작품의 하나 〈포도밭과 집〉에서가 아닐까 생각해 볼 만하다. 이 무렵부터 그는 초라한 생활을 면할 길 없는 역경 속에 있다. 어린 시절의 땅, 미이[부르고뉴 지방의 한 마을]에 돌아온 그는 시쓰기를 시작하던 처음 몇 년간의 진정한 감동을 되찾는다. 그리고 이 최후의 노래에서 그의 감수성의 모든 자질과 기교적인 묘기의 모든 우아함이 동시에 꽃피어 있다. 바로 이 시에서 우리는 시인과 그의 영혼이 나누는 연극적인 대화(뮈세의 《밤》을 예고하지만, 훨씬 더 차분하다)를 통해, 그처럼 "흐르는 듯한" 그의 시법의 모든 면을 감단할 수 있다. 우리는 거기서 다음과 같은 것들을 다시 발견한다.

—경쾌함과 어휘의 음조화.

보라, 철 이른 가을날 첫 바람에,
갈대 살랑대는 연못가에,
점점이 날아오르는 엉겅퀴 솜털을!

—시구의 음악적인 청징함.

더욱더 맑은 대기의 수정은 투명하고,
김 서린 산의 아련하고 흐를 듯한 푸름이
하늘의 푸름과 거기 함께 녹는다.

—리듬의 다양성(분절coupes과 시구의 걸치기에 있어서).

오 자비로운 **섭리**여! 오 가족의 어머니여
그대의 거대한 보금자리에 수많은 아이들 우글거리는데,
그 와중에 미소 지으며 그들이 우는 모습 보고 있는
[그대여,
기억하라, 하늘의 마음이여, 이 땅은 그대의 딸이며
인간은 신의 친척임을!

—재빠른 시선의 정확함.

보라, 무너질 듯한 지붕 밑.
저기 마른 무화과 나무 곁에,
허물어진 벽 귀퉁이에서
감아 오르는 저 강인한 포도그루!

—그리고 끝으로, 흘러나오는 시적 언어의 저 끊임없이 당황스런 유창함, 결코 마르지 않는 고독한 지껄임.

수많은 합주로 너의 탄생을 환영한 나,
축제의 노래와 희망의 노래로
그 새로운 삶에로 너를 깨운 나,
네 마음의 한숨 하나하나를 노래로 만든 나,
너는 원하느냐, 졸고 있는 내 하프에 줄을 갈아 달고,
밤새우는 사울 옆에 앉은 다윗처럼,
내 다시 노래 불러 널 잠재워 주길?

라마르틴 작품에 대해 비평의 전통이 특히 유념하게 되는 것은 시쓰기에서의 그 활달함과 자발성이다. 사실 그가 가져온 혁신의 진수는 오로지 고전주의적 주제

의 몰개성을 마음속에서 우러나는 말의 유창함으로 대치했다는 점에 있다. 그리고 자기의 예술에 명철한 라마르틴은 1849년《명상시집》신판의 서문에서 다음과 같이 씀으로써 후세 사람들이 언제까지나 그를 알아볼 표지가 되는 영감의 저 진원을 스스로 훌륭하게 밝혔다. “나는 더 이상 누구도 모방하지 않았으며, 내 자신을 위해 내 스스로 나를 표현했다. 그것은 이미 예술이 아니라 자신의 흐느낌으로 스스로를 달래는 내 자신의 마음의 위안이었다. (…) 이 시구들은 영혼의 신음, 혹은 그 외침이었다. 나는 그 외침, 혹은 신음에 운율을 붙인 것이다.”

II. 뮈세(1810-1857)
심정의 시인

놀라운 천재 시인이며, 혐오와 찬탄을 동시에 받은 알프레드 드 뮈세의 생애는 연장자 라마르틴의 그것과 거의 닮은 데가 없다.《명상시집》의 저자가 깊이, 끈기, 현실 참여를 보여준 반면,《밤》의 저자는 자주 변덕, 건방짐 그리고 무관심만을 보여줄 것이다. 그는 약간 로망주의의 “이단자”였으며, 그에게서 떠들썩한 시인보다는《마리안의 변덕》과《로렌자치오》의 재치 있고 번민하는 극작가, 또는《어느 탕아의 고백》의 예민한 소설가를 택할 수도 있을 것이다. 그러나 아마도 그의 시 작품은 그 과장되고 선동적이기까지도 한 표현 속에 다른 어느 분야보다도 로망주의적 개인의 "드라마"가 지니는 진정한 의미를 잘 나타내고 있는 것이다.

뮈세의 개성은 나중에 랭보나 베를렌의 그것처럼 조숙함으로 특정지어진다. 그는 19세기에 최초로 "타고난 시인", 신동 시인의 신화를 구현하게 된다. 사실 18세가 되기도 전에 그는 빅토르 위고에게 소개되어, 아르스날 도서관의 노디에의 살롱과 노트르-담-데-샹 가의 **스승**[위고]의 세나클에 잇달아 가담한다. 이러한 모임에서 두 해 동안 그는 모든 토론을 통해 자신의 발랄함과 열정을 과시하게 된다. 1830년 그는 첫 시집《스페인과 이탈리아 이야기》를 발간한다. 이 작품에서는 새로운 유파의 모든 열광과 모든 쇄신의 표현 자체를 알아볼 수 있다. 당시의 위고는 벌써《발라드집》과《동방시집》을 발간했으며, 이에 매혹된 젊은 뮈세도 또한 자신의 텍스트에서 동방이나 이탈리아의 이국정취의 매력에, 말에 의한 색채와 선의 몽롱한 신기루에 탐닉한다.

붉은 도시 베네치아에,
움직이는 배 하나 없고,
물에 낚시꾼 하나 없고,
선등船燈 하나 없다.

모래톱에 홀로 앉아,
저 커다란 사자
맑은 수평선 위로
그 청동 앞발 들어 올린다.

그리고 위고에서와 마찬가지로 그에게서도, 이국정취와 색채가 끊임없는 기교적 "선회pirouette"를 동반한다. 그의 유명한 〈달에 부치는 발라드〉는 운율이나 어휘나 리듬에 있어서의 이와 같은 대담한 체계적 탐구를 잘 보여주고 있다. 또한 인정해야 할 것은 이 젊은 신인이 노련한 솜씨에도 모자람이 없다는 점이다.

갈색의 밤이었다.
노란 종탑 위에,
　달이
i자 위 점 같았다.

달아, 어느 음침한 정령이
한 줄 실 끝에 끌고 다니는가,
　어둠 속에
네 앞 얼굴과 옆얼굴을?

그러나 역설은 원래 뮈세에게서 기교의 자재로운 구사와 기교에 대한 자기만족이 모두 내적 드라마의 깊이를 감추기 위함일 뿐이라는 점에 있다. 장난스럽고 재치 있는 뮈세가 실은 무엇보다도 먼저 고독한 사람인 것이다. 그리고, 1833년부터 로망주의 그룹의 연계가 느슨해질 때, 재빨리 그는 돌아서서 본래의 고독 속에 틀어박힐 것이다. 친구들과의 결별에 대해 그는 여러 구실을 늘어놓으리라. 새로운 주장의 공허함에 대한 자각, 어떤 고전주의적 취미에의 복귀(그는 레니에, 코르네유, 라신을 찬미하고 있었다). 그러나 두 가지 다른 이유가 이 결별을 더 잘 설명한다. 우선 그 무렵 라마르틴, 비니, 위고가 쓰고 있었던 사회적·정치참여적 시에 대한 뮈세의 비난, 게다가 특히 그에게서 시적 체험은 어떤 주장이나 편견들에 환원될 수 없으며, 인간의 내적 충동, 즉 그가 이때부터 "심정"이라 부르게 될 것의 금선琴線 외에 그 어느 곳에도 기반을 두지 않는다는 매우 강한 감정. 1831년 그는 자기 형에게 다음과 같은 확신을 피력한다. “예술가나 시인에게 필요한 것은 감동입니다. 한 줄의 시구를 쓰면서 내가 스스로 알고 있는 심장의 어떤 고통이 느껴질 때, 그 한 줄의 시구는 내가 낳을 수 있는 가장 양질의 것이라고 확신합니다.” 그리고 일 년 후에 그는 극시의 하나인 〈나무나〉의 두 행을 빌려 자신의 영감에 대해 가장 훌륭한 정의를 내릴 것이다.

기억해 두시오, —손이 글을 쓸 때 말하고 한숨 쉬는 것은
심정이요, —녹아내리는 것은 심정이요.

이 “심정의 시”는 따라서 정념과 내적 몽상의 이야기를 기르게 된다. 그리고 이 이야기는 끊임없는 내적 분열의 그것이다. 비참한 방탕아이면서 탁월한 재능을 지닌 저 로렌초[《로렌자치오》의 주인공]처럼, 뮈세의 시에 등장하는 인물들은 모두, 홀로건 짝지어서건, **미덕**과 삶 사이, **선**의 욕구와 **악**의 현실 사이에 화해가 이루어질 수 없는 드라마를 구현할 것이다. 〈롤라〉(1833)는 모든 세대의 로망파들이 들려있는 저 “세기병”이 그렇듯 피할 수도 설명할 수도 없는 자신의 방탕을 지켜볼 수밖에 없는 인물의 절망적이며 비극적인 이야기로 될 것이다.

〈뤼시〉(1835)는 반대로 조화롭고 진정된 시적 언어에 의한 청순에의 노래, 정일에의 찬가, 또한 희망의 외침으로 될 것이다.

고통의 딸이여, **화음**이여, **화음**이여!
사랑을 위해 천재가 발명한 언어여!
우리에게는 이탈리아에서, 이탈리아에는 하늘에서 찾[아온 언어여!
다정한 심정의 언어, 겁 많고 그림자 하나에도 상심하는[처녀와 같은
속내 생각이, 베일을 쓴 채, 남의 눈을 두려워하지 않고
스스로를 털어놓을 수 있는 유일한 언어여!

하나의 연애 사건이 이 끊임없는 내적 분열에 대한 더욱 고통스러운 의식을 주게 된다. 1833년 그는 조르주 상드를 만나, 그녀에게 반하고, 그녀의 애인이 되어, 그녀와 함께 이탈리아로 떠난다. 그러나 두 사람의 관계에는 파란이 많다. 남자는 의심이 많고, 여자는 변덕스럽고 바람기가 있다. 1835년 3월에 이별이 온다. 그것은 시인에게 "크나큰 고통"의 시작이며, 그 고통은 그의 시작 활동의 말기 전체에 뚜렷이 흔적을 남기게 된다. 분

별없는 사랑이 지나친, 그러나 "장난으로 사랑해선 안 된다"고 알고 있는 그는 이제부터 자기 시구를 결코 극복될 수 없는 애정의 위기에 대한 이야기로 배양하게 된다. 우리가 순수 서정의 차원에서 그의 가장 훌륭한 성공작《밤》을 얻게 되는 것은 바로 이 고통, 다른 몇몇의 애정의 좌절로 언제나 되살아나는 이 고통의 덕택이다.

《밤》은 영국의 시인 영[1683-1765]의《밤》[*The Complaint, or Night-Thoughts on life, Death and Immortality*(1742-1745)]에서 착상을 얻었으나 1835년 봄부터 1837년 가을까지 3년에 걸치는 진정한 애정의 연대기다. 이 네 편의 시는 각기 정확한 농도에 의해 뮈세의 심정에서 가장 열렬한 순간들을, 가장 강하게 진동하는 "간헐들"을 포함하고 있다. 또한 이들 네 편은 시에 대한 그의 성찰과 명상의 모든 주요 테마들을 길어내고 있기도 하다. 〈5월의 밤〉은 조르주 상드와의 이별 직후에 씌어진다. 여기서 읽게 되는 것은 이미 제 정신을 잃어, 스스로를 찾는, 그럼에도 자기 앞에 어찌할 바를 모르는 자기 육체의 무의미한 이미지만을 발견하는 버림받은 사나이의 당황함이다.

어이 내 가슴은 이리 빨리 뛰는가?
도대체 내 안의 그 무엇이 소란을 피워

나를 이다지도 두렵게 하는가?

(…)

강력하신 신이여! 내 온 몸이 떨립니다.
누가 오는가? 누가 날 부르는가? —아무도,
나는 혼자. 시간을 알리는 종이 울린다.
　오 고독이여! 오 가난함이여!

윤리적 혼란은 글을 쓸 수 없게 만든다. 서정적인 에크리튀르는 고민하는 마음의 그토록 강렬한 말parole을 억제할 수 없게 되어, 스스로의 한계만을 이야기한다.

나는 노래하지 않는다, 희망도,
영광도, 행복도,
아아! 고통마저.
입은 침묵을 지킨다,
심정의 말을 듣기 위해.

〈12월의 밤〉은 고독의 테마를 깊이 파고든다. 고독은 이 시인의 숙명이다. 고독은 또한 그의 분신이며, 쓰라림과 고통의 시간 내내 그를 따라 다니는 끈질긴 "환영幻影"이며, 그를 닮은, 음험하고 가증스럽고 변함없는 반려다.

하늘은 나에게 네 심정을 맡겼다.
네가 괴로움에 들거든,
걱정하지 말고 내게 오너라.
나는 너를 따라 길을 가리라.
그러나 나는 네 손을 잡을 수 없구나,
친구여, 나는 **고독**이다.

1836년에 발표된 〈8월의 밤〉은 시인과 시의 여신의 대화를 계속한다. 이번에 시인이 외치는 것은 실현이 불가능한 삶의, 사랑의, 쾌락의 요구다. 그리고, 이제 그도 알고 있듯이, 쾌락은 희생과 고통의 눈물을 거치는 것이다.

오 **시의 여신**이여, 죽음이건 삶이건 내게 무슨 상관인가?
나는 사랑하고 있으며 창백해지고 싶다. 나는 사랑하고
[있으며 고뇌하고 싶다.
나는 사랑하고 있으며, 한 번의 입맞춤을 위해 내 재능
[을 바친다.
나는 사랑하고 있으며, 내 여윈 뺨 위에 느끼고 싶다.
마를 길 없는 샘물이 끝없이 흐르는 것을.

1837년의 〈10월의 밤〉이 다시, 그러나 한층 더 극적으로 다루게 되는 것은 구원과 영감을 주는 고통이라는 같은 테마다. 뮈세는 사실 이때 어떠한 형태건 직접적이며 자연발생적인 행복을 부인하고 있는 것처럼 보인다. 행복은 이제부터 내적 고통 속에서만, 그것을 통해서만 획득될 수 있는 것이다.

인간은 도제, 고통은 그 스승,
고통을 겪지 않으면 누구도 제 자신을 모른다.
(…)
살기 위해 느끼기 위해, 인간에겐 눈물이 필요하다.
기쁨의 상징은 한 그루 부러진 나무,

〈10월의 밤〉의 끝은 긴 속죄의 도정 후에 하나의 재생을 약속하는 듯했다.

—자, 이제, 꿈꾸는 금발이여,
이제야말로, **시의 여신**이여, 우리의 사랑을 위해!
(…)
어서 내 애인을 깨워다오,
(…)

우리는 자연과 함께 다시 태어나리라
아침의 첫 햇살을 받으며!

이 정신적, 윤리적, 시적 부활은 일어나지 않으리라. 조숙한 시인 뮈세는 일찍 마르고 고갈되리라. 1852년 아카데미에의 취임에도 불구하고, 기진하고 병들고 환멸에 빠진 그는 이미 자기에게 맞지 않는 이 세상을, 잊힌 사람이 되어 떠날 것이다. 1840년에 벌써 그는 〈슬픔〉이라는 제목의 감동적인 소네트(이는 후에 네르발이 쓰게 될 〈묘비명〉을 예견하지 않을 리 없다)에서, 자신의 인생에도 시에도 흔적이 새겨진 그 본질적인 우유부단을 암시하고 있었다.

나는 잃었다, 내 힘과 삶을
그리고 내 친구들과 쾌활함을.
나는 잃었다, 긍지마저,
그것이 내 천재를 믿게 했었는데.
(…)
—이 세상에서 내게 남은 유일한 재산은
때때로 눈물 흘렸다는 것뿐.

Ⅲ. 비니(1797-1863)
시의 굴종과 위대함

만년의 뮈세를 따라다닌 환멸과 실망은 동시대인 알프레드 드 비니의 삶에서는 끊임없이 계속되는 숙명이었다. 누구도 그보다 더 좌절, 원한, 배반을 체험하지는 않았다. 그는 회의와 고독과 실망의 로망주의자다. 자신의 귀족 혈통에 실망하고, 결혼에도 연애관계에도 실망하고, 아무 소용도 없는 군인생활에도 실망하고, 1830년부터 벌써 사회적·정치적 갈망에 실망하고, 끝으로 특히, 시 자체에 실망한다(그는 시가 자신을 천민에 불과한 신세로 살도록 강요한다는 느낌을 너무나 자주 갖는다). 그러나 비니의 힘과 위대함은 이 회의와 혐오의 끊임없는 극복에 있다. 그의 인간으로서의 환멸은 그의 철인으로서 신념과 분리될 수 없으며 그가 우리에게 주는 시인의 이미지는 그 외관적인 역설의 훌륭한 종합이다.

뮈세와 마찬가지로, 그가 1820년부터 시단에 데뷔하는 것은 빅토르 위고를 둘러싼 한 사람으로서,《문학 수호자》의 동인으로서, 이어 **세나클**의 한 패로서이다. 당시 그는 아직 군인이며, 칼이 그에게 거부하는 영광을 펜으로 구하리라고 생각하고 있다. 그는 다섯 해 동안 몇 편의 시를 따로따로 발표하지만, 1826년에 처음으로 그것들을 《고대·근대 시집》이라는 제목의 일관된 시집으로 묶는다[비니의 첫 시집은 정확히는 1822년의 《시집 Poémes》]. 이 시집은 보충과 재구성을 거쳐 1837년에 결정판으로 재발간된다. 이것은 우선 습작 시대의 책이며, 거기 나타나는 젊은 시인의 모습은 아직 그가 찬양하는 위대한 본보기들, 바이런, 셰니에 또는 샤토브리앙의 반죽이다. 그러나 몇몇 작품들의 형식과 내용은 실질에 있어서 매우 불안하나 표현에 있어서 매우 억제되어 있는 그의 시의 독창성을 벌써 예고하고 있다.

전체는 3부로 구성되어 있다. 특히 〈모세〉, 〈엘로아〉, 〈대홍수〉 등의 유명한 작품들을 포함하고 있는 '신비의 서', 성서에서의 영감과 호메로스로부터의 영감으로 나뉘진 '고대의 서', 중세부터 가장 현재적인 사건에 이르기까지 인류의 서사시를 환기하고 있는 '현대의 서'. 비니의 사상과 예술의 독창성이 가장 명확하게 나타나는 것은 첫 번째이다. 신에 의해 유혹의 고통 속에 던져진 인물 엘로아를 통해, 더 이상 이해할 수 없게 된 말 없는 신과 마주 대한 낙담하고 고독한 늙은 모세를 통해, 인간에 대한 실망과 신에 대한 회의로 이루어진 시인의 정신적 드라마가 모두 드러난다. 그러나 비니의 힘은 단순히 윤리적이거나 애절한 언술이 빠지기 쉬운 함정과 약점을 피한다는 데 있다. 그는 1837년의 〈서문〉에서 이렇게 쓰고 있다. "이들 작품에 대해 아무도 이의를 제기하지 않았던 유일한 공적은 어떤 철학적 상념이 서사시적인 혹은 연극적인 형식으로 나타나는 이 장르의 작품으로서 프랑스에서 다른 어느 작품보다 앞섰다는 점이다." 확실히 모세의 저주 이면에서 우리가 읽는 것은 바로 인정받지 못하는 천재, 고독한 비니의 절망 그것이다.

> 그는 주께 말하는 것이었다. "저에겐 끝이 없습니까?
> 제 발걸음을 다시 어디에 옮기길 바라십니까?
> 그래 저는 언제까지나 강하고 외롭게 살아갈 것입니까?
> (…)
> 아! 주여, 저는 강하고 고독합니다.
> 저를 영원히 잠들게 하옵소서!"

그러나 이 텍스트의 힘은 하나의 이야기, 하나의 내적 드라마 이상으로, 천재와 재능을 지닌 모든 인간 족속의 운명을 암시하고 있다는 점이다. 그는 모세에 대해 다시 이렇게 밝힌다.

이 위대한 이름은 모든 세기의, 고대라기보다는 현대의 한 인간에게 가면의 구실을 하고 있을 따름이다. 즉 끝없는 홀아비 생활에 지치고 자신이 위대해질수록 더욱 아득하고 삭막해지는 스스로의 고독을 보고 절망한, 재능 있는 인간이다. 그는 자신의 위대함에 지쳐 **무**를 바란다.

끊임없이 체험하게 되는 이 권태를 비니는 한때 시에 털어놓기를 중단하려 한다. 그러나 그것은 1830년에서 1835년에 걸쳐 씌어지는 그의 여러 작품 속에 여전히 가차 없이 나타나고 있다.《스텔로》(1832)의 이야기나 드라마《채터튼》(1835)은 그것이 어떤 사회건 간에 사회에 의해 깨어진 시인의 하소연의 메아리다.《군대의 굴종과 위대함》(1835)은 군인으로서의 그의 드라마에 대한 가장 강한 환기다. 그러나 군인에게도 시인에게도 드라마는 동일하다. **자아**의 재능과 사회의 원칙·억압 간의 불가능한 공존이라는 드라마. "**개인**은 결코 잘못을 저지르지 않으며, 사회질서는 항상 잘못을 저지른다"고 그는《스텔로》에서 쓴다.

그러나 실망과 고통은 비니의 경우, 항상 사회에서만이 아니라 때로는 그에게 가장 소중했던 사람들에게

서조차 연유할 것이다. 이 점에서 1837년은 그에게 끔찍한 한 해가 될 것이다. 그는 **세나클**의 옛 친구들과 결정적으로 절교하며, 어머니를 여의며, 애인이자 시상詩想의 원천이 되어주는 여인 마리 도르발이 자신으로부터 멀어져 감을 본다. 뒤따르는 10년은 가장 깊은 절망의 시간일 것이지만, 1845년 이후, 그리고 아카데미 입회 이후로는 새로운 안정과 새로운 균형을 모색하는 시간이기도 할 것이다. 따라서 우리는 〈늑대의 죽음〉이나 〈삼손의 분노〉와 같은 비관적인 시들과 〈바다에 던져진 병〉이나 보다 나중의 〈순수정신〉과 같은 미래의 낙관적인 환기라는 서로 매우 대조적인 텍스트들이 연이어짐을 보게 된다.

비니 자신이 이들 산발적인 텍스트를 철학적 영감의 일대 시집으로 묶고자 희망하고 있었다. 그는 1863년의 죽음 전에야 겨우 그 편집을 완성할 시간을 가질 것이다. 그들 시편 중 하나의 이름을 따서 《운명》이라는 제목이 붙여진 시집이 1864년 사후 출판되는 것은 그의 친구 루이 라티스본의 덕택이다. 어느 것이나 다 중요한 열한 개의 텍스트가 여기 모아진다. 1834년부터 비니의 죽음 직전까지 씌어진 열한 개의 텍스트. 그 전체는 시적·철학적·정신적 유언을 이루고 있으며, 그 구성은 논의의 여지가 있기는 하나 분명히 시집의 의미를 드러내고 있다. 바로 이 시집에, 고독을 강요당한 여가 속에서 오랜 시간을 두고 성숙한 사상의 복잡성이 완전히 나타나고 있는 것이다.

이 책은 서문 대신에 〈운명〉과 〈목자의 집〉이라는 일종의 이중 아치를 우리에게 제시하며, 건물 전체가 이 아치 위에 의지하여 그 힘과 의미를 지니게 된다. 이들 두 텍스트 중 전자는 문제의 전체를 제기한다. 신과 마주 대한 인류의 운명과 자유의 문제다. 비니로서는 인간은 옛날 자신에게 완전한 굴종을 강요하는 **숙명** 앞에 아무 힘도 없었다.

천지 창조의 첫날부터,
운명 하나하나의 무겁고 거센 발이
각자의 머리와 모든 행동을 짓누르고 있었다.
(…)
인간은 모두 허리를 구부리고, 이마는 창백하고 낙인이
[찍혀있었다.

기독교의 출현에도 불구하고 인간은 여전히 무력하다. 아니 더 나쁘다. 인간은 허망한 자유의 함정에 빠져

있다.

> 오! 우리 모두 아직도 얼마나 큰 절망 속에 빠져있는가!
> 당신은 우리를 묶고 있는 **목걸**이를 넓히셨다.
> 그러나 **쇠사슬**을 잡은 자 도대체 누구인가? —아! 의로
> [운 신이여, 당신이신가?

형이상학적이며 신학적인 이 비장한 질문에 대해, 1840년에서 1844년에 걸쳐 지어진 위대한 텍스트 〈목자의 집〉이 벌써 이중의 해답을 제시하고 있다. 인간은 자신을 되찾기 위해 세상에서 은둔할 줄 알아야 한다. 자연은 인간의 상처 입은 육체와 영혼을 위해 명상의 은거지가 되어야 한다고 비니는 쓴다.

> 만약 우리 삶의 무게로 신음하는 네 마음이,
> (…)
> 만약 내 영혼처럼 사슬에 얽매인 네 영혼이,
> (…)
> 만약 은밀한 정념으로 전율하는 네 육체가,
> (…)
> 용감히 떠나라, 모든 도시를 버려라,

(…)

자연은 엄숙한 침묵 속에 너를 기다린다.

그러나 사회와의 거리 유지가 라마르틴의 경우와 마찬가지로 비니에게 있어서도 이기주의를 의미하지는 않는다. 정반대로, "자연에서의" 내성內省 속에서 인간은 사회를 재발견하고 이해하며, 사회에의 사랑을 준비한다. 인간에게 인류애와 신에 대한 어떤 외경을 재발견하도록 해줄 것은 뮤즈이자 반려, 상냥함과 직관과 영감의 존재, 즉 여성이다.

그러나 신이 너를 인간 곁에 두고자 했다면, 오 여인이여!
섬세한 반려여! 에바여! 그 까닭을 너는 아는가?
그것은 인간이 또 하나의 영혼의 거울에 스스로를 비춰
[보기 위함이며,
너에게서만 흘러나오는 그 노래를 듣기 위함이다.
(…)
에바여, 나는 천지만물 모두를 사랑하리라,
너의 꿈꾸는 시선 속에 그것들을 응시하리라.

이 시집의 중심은 모든 희망과 화해에 도달하기 위

해 개인이 체험하고 극복해야 할 모든 악惡을 설명한다. 우선 인간과 사회의 악. 문명이 가져오는 부패의 그것(〈야성의 여인〉), 정념에 의한 악덕과 배반의 그것(〈삼손의 분노〉), 사회의 가차 없는 모욕과 거부의 그것(〈늑대의 죽음〉). 그러나 신비적·철학적 악이 한층 더 깊다. 〈감람산〉에서의 그리스도의 그것이다. 인간으로 된 신, 그리스도 스스로가 인간으로서의 육체 내부에서 신 없는 인간의 혼란을 강하게 느낀다. **아들**인 그에게 **아버지**는 더 이상 대답하지 않는다.

그는 무릎 꿇고 이마를 땅에 댄다
그러곤 하늘을 바라보며 부른다, "아버지!"
—그러나 하늘은 어두울 뿐, 신은 대답하지 않는다.

형제인 그에게 다른 형제들은 더 이상 귀 기울이지 않는다.

그는 물러나, 산을 내려와, 질겁하며 소리 지른다.
"너희는 나와 함께 기도하며 깨어있을 수 없었느냐?"
그러나 죽음과 같은 잠이 사도들을 짓누르고 있다.

그러나《운명》의 끝은 희망의 외침이다. 비니는 승리자가 되어 자신의 불안에서 빠져나온다. 그의 인간주의적 옵티미즘은 갖가지 회의와 주저를 쓸어버린다. 〈바다에 던져진 병〉에서 그는 **지식**과 **과학**의 힘에 인간들의 미래의 행복을 부친다.

(…) 과학,
그것은 정령들이 마시는 신의 영약,
사상과 경험의 보고.
(…)
운명이 씨앗을 뿌린 우리들의 이마에
풍요로운 **앎**의 소나기를 베풀자.

끝으로 〈순수정신〉은 18세기 철학자들과 같은, 사상의 창조력에의 열광적인 찬가다. 삶의 우연성도 결국 이 창조력을 막을 수 없으며 온갖 종족의 계시받은 인도자, **시인**은 이 힘의 최초의 수탁자다.

너의 치세가 도래했다. **순수정신**이여, 세계의 왕이여?
(…)
끊어진 두 사슬의 단 하나 마지막 고리로서,

나는 남아있다. 그리고 나는 여전히 높은 곳으로,
시인과 엄숙한 사상가들의 이상을 받든다,
우리의 정묘한 뮤즈의 전당에 있는 순수한 거장들 사이
[에서.

비니의 이 모든 텍스트들을 읽는 사람은 주제의 강렬함과 에크리튀르 형식의 엄격함 사이에서 보게 되는 끊임없는 콘트라스트에 놀랄지도 모른다. 이 점에서 그는 아마 로망주의의 "성숙"이라 부를 만한 것을 구현하고 있다. 경험은 그에게도 라마르틴이나 뮈세에 못지않게 풍부하다. 그러나 그의 기법은 유창함이라기보다는 제어의 그것이다. 비니는 감성이 시적 언어의 유동성을 타고 곧바로 쏟아져 나오는 것을 거부한 최초의 시인이다. 그로서는 "숙고"되고 억제된 감성만이 의미가 있다. 이러한 제어를 위해 그가 스스로에게 부과하는 기교상의 방법은 상징적 전환의 그것이다. 소설과 희곡을 쓸 때도 사용했던 이 수단을 그는 시에서 더욱 세련시켰으며,《운명》에서는 거의 조지적으로 이용했다. 중요한 것은 허구의 이야기건 역사 이야기건 간에 항상 상징적인 이야기를 통해, 다시 말해서 환기력에 찬 분위기를 통해 스스로를 "조심스럽게" 그린다는 점이다. 시는 이렇게 해서 든든한 구조를 갖춘 구축물이자 주제의 일관된 표현이 된다. 비니는 이렇게 쓰고 있다. "나는 항상 **관념**의 근저에서 출발한다. 나는 이 중심을 축으로 삼아 하나의 우화를 회전시킨다. 우화는 사상의 증표이며, 그 모든 바퀴살에 의해 사상과 결부되어 있어야 한다." 과연 비니에게서 엄격함은 때때로 거친 상태로 끝나며, 힘찬 잠언箴言과도 같은 어떤 시구들의 힘은 너무나 산문적이고 무거운 텍스트들의 기교상의 둔중함은 항상 잊게 해주지는 않는다. 그러나 비니의 의도는 극히 중요하다. 그것은 언어를 이미 심정 토로의 장소가 아니라 어떤 "결정작용結晶作用"의 마술 도가니로 생각하게 될 새로운 시법의 미래의 형식을 벌써 선취先取하고 있는 것이다. 〈목자의 집〉의 작자가 프랑스 현대시의 한 흐름 전체의 표상이 될 "진주"와 "다이아몬드"의 은유를 통해 예감하게 했던 것은 바로 언어와 글쓰기의 이 새로운 역할이리라.

시여! 오 보물이여! 사상의 진주여!
(…)
심오한 사상들이 어떻게 지켜질 것인가
응축된 사상의 빛을 그렇게도 잘 간직하는

네 순수한 다이아몬드 속에 사상의 불꽃들을 모으지 않
[고서야?

IV. 위고(1802-1885)
로망주의의 화신

빅토르 위고의 거대한 개성에 접근하면서 우리가 발견하는 것은 이미 로망주의 시의 이런저런 양상이 아니라, 그 격렬, 그 대담, 그 충만 속에 나타나는 로망주의 전체다. 사실 위고는 명백히 로망파의 세대에 속하지만, 그 생존 기간 자체에 의해 이른바 이 로망파 운동의 존속 기간을 벗어난다. 1850년 이후로는 그의 위대한 작품들이 거의 단독으로 로망주의의 운명을 구현할 것이다. 로망주의는 사후에도 그 명맥을 유지하다가 1885년 위고의 죽음과 함께 완결된다.

이 문학의 거인의 길고 파란만장한 생애는 그 자체가 그의 작품이 나타나게 될 강렬함, 다양성, 그리고 콘트라스트의 충실한 이미지를 제시한다. 위고는 이 세기의 모든 것을 보았고, 모든 것을 느꼈고, 모든 것을 살았다. 그는 평민이었지만 제정기의 장군의 아들이었고, 정통 왕조파였다가 자유주의자가 되었고, 아카데미 회원이자, 프랑스 상원의원이었으며, 파리 선출 국회의원이었으나 저지 섬과 건지 섬의 이름 높은 망명객이었다… 생애의 이 충만함과 대등한 것으로는 그의 문학 창조, 소설·희곡·시 창조의 집적과 다양함이 있을 뿐이다. 이 마지막 영역은 다른 두 영역보다 더 한층 놀랄 만큼 풍요롭다. 위고는 바로 로망주의 시의 모든 음역을 답사했다고 말하자. 라마르틴과 뮈세는 비가에, 비니는 상징시에 탁월했었다. 위고 그는 모든 것에서 위대했다.《빛과 그림자》는 프랑스 서정시의 가장 아름다운 텍스트로 꼽히며,《징벌시집》은 풍자시의 걸작이다.《관상觀想시집》은 비가조의 경탄할 만한 집대성이며,《여러 세기의 전설》의 인간적 서사시와《신》및《사탄의 종말》의 형이상학적 서사시는 프랑스 시가 이 어려운 장르에서 자랑할 수 있는 보기 드문 성공작에 속한다.

위고가 형들[아벨과 외젠]과 함께《문학 수호자》를 창간하고 이어 **세나클**을 주도함으로써 로망주의 운동의 지도자로 인정되기 시작하는 시기에 그는 또한 자기 세대의 가장 재능 있는 시인의 한 사람으로 인정된다. 1820-1830년대는 그의 수련기다. 1822년에《오드집》, 1826년에《발라드집》(이는 그후 앞의 작품들을 합쳐《오드와 발라드집》으로 된다), 그리고 1829년에《동방시집》을 그는 잇따라 발간한다. 《오드집》은 적잖이 인습적이고 고전적인 텍스트들, 개인적인 추억이나 정치·종교적 신념에서 착상을 얻은 텍스트들의 집합이지만, 《발라드집》과 《동방시집》은 신비롭고 회화적이며 이국적인 어떤 분위기에 대한 시인의 취향을 드러내고 있다. 전자에서 그것은 이미 월터 스콧이 그렸던 것과 같은 중세의 환기이며, 후자에서 그것은 지중해의 세계, 특히 그리스 세계(그 화려함과 그 드라마와 함께)의 환기이다. 위고는 벌써 이 두 시집에서 그 영감의 독창성에 명백한 기교상의 독창성을 더한다. 바로 여기에서 호화롭고 대담한 이미지에 대한 그의 천분과 유명한 〈마신魔神〉의 텍스트에서처럼 갑작스럽고 때로는 현기증 나는 리듬에 대한 재능이 드러난다.

그러나 이 초기의 텍스트들은 그것이 위고의 몇몇 시적 의도를 나타내 보이고 있다는 점에서 특히 우리의 관심을 끈다. 〈크롬웰〉의 서문에서 당당하게 그의 문학적 주장들을 피력하기 전에, 이미 1822년 《오드집》의 서문에서 그는 세계의 모든 재원과 **자아**의 보는 예기치 못했던 자질과의 종합을 하나의 사명으로서 시에 부과하고 있었다. 시는 모름지기 감춰져 있는 것까지도 포함한 현실과 시선이 완전히 통일되고 일치되는 장소여야 한다.

"시의 영역은 무한하다. 현실 세계 아래 이념의 세계가 존재하며, 이 세계는 엄숙한 명상의 힘으로 사물 속에서 사물 이상의 것을 보는 데 익숙해진 자들의 눈에 번쩍이며 나타난다. (…) 시란 만물 속에 있는 모든 내면적인 것이다." 전체성과 통일성이라는 이 이중의 관념은 위고의 시법에서 처음부터 근본적인 것이다. 그가 《동방시집》의 서문에서 다시 이 점을 말하게 될 때 시인의 사명은 무엇보다도 세계가 제공하는 모든 것에 대한 자유로운 그러나 필수적인 탐색임무다. "모든 것이 주제이며, 모든 것이 예술의 영역에 속한다. 모든 것이 시에 있어서 시민권을 갖는다. (…) 시인은 자유다."

1830-1840년의 10년간은 위고에게서 그의 초기작의 로망주의보다 더 서정적이고 더 내면적인 로망주의의 시기로 될 것이다. 그는 모든 것의 발견을 우선 스스로에 대한 명상에 의해 시작하려 한다. 이렇게 해서 그는 《가을의 나뭇잎》(1831)에서 자신의 어린 시절, 어머니, 가족에 대해 다정하고 우수를 띤 새로운 시편들을 쓴다. 그러나 이기심도 태부림도 없다. 그에게 있어 하나하나의 추억, 하나하나의 초상은 보다 광대한 환기력을 지니고 있는 것이다.

이롭건 해롭건, 모든 숨결, 모든 빛이,
내 수정의 영혼을 빛나게 하고 떨게 한다,
내 경배하는 신이, 낭랑한 메아리처럼
모든 것의 중심에 놓아둔 천의 목소리 지닌 내 영혼을!

뒤따른 두 시집 《박명의 노래》(1835)와 《내심內心의 소리》(1837)도 동일한 영감의 맥에 속할 것이다. 전자에서는 쥘리에트 드루에에게 바친 열정, 정치적 실의와 희망, 신앙의 상실이 자주 어둡고 고통스런 그의 텍스트에 뚜렷이 자국을 남긴다. 후자에서도 그는 자기의 "심정"에 의해 우리에게 인간, 자연, 역사적 사건이라는 세 개의 "목소리"에 대해 말한다. 그의 내심이 무시할 수 없는 이 목소리들은 그에게 하나의 말을, 그에 따르면 "우리가 우리 밖에서 듣는 노래에 우리의 내부에서 화답하는 노래"를 요구한다.

그러나 위고의 생애에서 매우 풍요한 이 시기의 시집 중에서도 가장 흥미로운 것은 그가 1840년에 발간한 《빛과 그림자》이다. 이 시집에 내면적 영감이 결여되어 있는 것은 아니다. 여기서도 역시 많은 시들이 어린이나 여인에게 바쳐진다. 그러나 보다 광대한 숨결이 몇몇 텍스트에 생명을 불어넣고 있으며, 그것은 1850년 이후의 그의 시를 벌써 예고하고 있다. 예를 들어 자연은《내심의 소리》에서처럼 단순히 아름답고 관대한 반려자이기를 그만두고, 〈바다의 밤〉에서 그렇듯 강력하고, 마음을 어지럽히고, 깊이를 알 수 없는 것이 되기도 한다. 그러나 특히 시인에게 과해진 역할이 이들 텍스트에서 새로운 의미를 띤다. 시인은 이제 단순히 자연과 세계가 전해주는 목소리의 영감 어린 번역자나 충실한 메아리가 아니다. 라마르틴이 〈펠릭스 기유마르데에게 보내는 서간시〉에 쓴 시구와 매우 흡사한 다음 시구들이 말해주듯이, 시인은 안내자의 모습을, 자기 형제들을 위해 메시지를 위임받은 예언자의 모습을 띤다.

나는 사막으로 돌아가노라고
형제들에게 말하는 자에게 화 있을진저!
(…)
스스로 병신 되고 쓸데없는 노래꾼이 되어
도시의 문 밖으로 나가는
사상가에게 부끄러움이 있을진저!

시인은 더러운 날에
보다 좋은 날을 준비한다.

그는 유토피아의 인간이다,
두 발은 지상에 두고 두 눈은 저 쪽을 향한.

또한 아마 사회참여의 필연성에 대한 이와 같은 자각이 10년 이상에 걸친 위고의 시작상의 침묵을 설명해주는 것이리라. 그는 행동인, 그것도 정치가까지 되려 하기에 침묵을 지키게 된다. 딸 레오폴딘의 끔찍한 죽음과 서사시극 〈성주〉의 실패로 가혹한 시련을 겪는 시인은 사실 끊임없는 정치활동에 뛰어든다. 그는 차례로 젊은 오를레앙 공비[국왕 루이-필리프의 며느리]의 열렬한 수호자, 정의와 인도주의를 확신하는 프랑스 상원의원, 파리 선출 국회의원, 나폴레옹 공의 열성적인 지지자, 그리고 마침내 1851년 7월부터, 특히 12월 2일의 [루이-나폴레옹에 의한] 쿠데타 이후는, 그가 이제 "꼬마 나폴레옹"이라고 부르는 자에 대한 악착스런 적대자로 될 것이다. 자신의 열망을 또다시 가혹하게 배반당하고, 자신의 안전에 위협을 받게 된 그는 스스로 1852년 8월 우선 벨기에로[정확히 말해서 위고가 브뤼셀로 탈출하는 것은 1851년 12월 11일, 저지 섬에 도착한 것은 1852년 8월], 이어 저지 섬으로 망명한다. 거기서 그는 위대한 풍자작품 《징벌시집》을 쓰지만, 이 시집에 의해 그는 망명의 처지에도 불구하고 프랑스에서의 반체제 공화주의파의 고무자로 될 것이다.

이 작품은 폭넓고, 다양한 어조와 억양을 나타내고 있으나 작품 전체는 한결같은 분노와 한결같은 복수의 희망에 의해 이끌려진다. 이들 6천 행의 시구는 위고에게는 친숙한 여러 장르의 혼합을 뚜렷이 보이고 있으며, 번갈아 민요이며, 빈정대는 공격문pamphlets이며, 역사적·철학적 명상이다. 그러나 전체로서는 풍자시 이상의 것이며, 이미 하나의 서사시이다. **어둠**에서 **빛**으로, **죄**에서 **자유**로, 이것이 이 작품의 도정이다. 위고는 성서에서도 최근의 역사에서도 소재를 빌려오면서 현재의 악덕과 폭정과 치욕에도 불구하고 해방을 향해 걸어가는 인류의 모습을 우리에게 보여주려 한다. 이야기의 지평선에 **진리**와 **자유**의 빛나는 별이 떠오르고 시인-선도자는 그 별을 향해 자신의 신봉자들을 이끈다.

> 오 여러 국민들이여! 나는 불타는 **시**로다.
> 나는 모세를 비췄고 단테를 비췄다.
> (…)
> 일어서라, 잠든 그대들아! —내 뒤에 오는 자,
> 나를 선두에 세워 내보내는 자는,

자유의 천사, **빛**의 거인이기 때문이다!

—〈별〉

사실을 말하면, 보다 개인적인 영감의 소산이었던 지금까지의 작품 속에 이러한 풍자적 요소가 한때 큰 비중을 차지하게 된다고 해서 시인의 내면적 영감이 질식되어 버린 것은 아니다. 그리고 1856년, 건지 섬에 자리 잡고 있는 위고가 대시집《관상시집》을 간행하여 대중에게 내놓은 것은 사실 20여 년의 기간에 걸쳐 쓰인 시편들이다. 크게 '옛날'과 '오늘'의 2부로 된 이 작품은 1843년의 비극, 레오폴딘의 죽음을 중심으로 이어진다. "이 두 권의 책 '옛날'과 '오늘'에서 이야기되고 있는 것은 하나의 영혼이다. 하나의 심연이 그 둘을 가르고 있다, 무덤이." '옛날'은 청춘시절의, 쥘리에트 드루에와의 연애시절의, 그리고 처음으로 겪은 정치적·사회적 환멸의 추억에 기초하고 있다. '오늘'은 보다 극적인 책, 사별의 슬픔과 고통의 그것이다. 특히 〈내 딸을 위한 몇 마디Pauca meae〉의 유명한 시편들에서 시인은 소박하고도 비장한 억양을 되찾아 잃어버린 아름다움과 청춘을 환기한다.

그 애는 이슬을 밟고 달리곤 했지,
나를 깨울까 봐 소리도 없이.
(…)
그 애 남동생들이 웃곤 했지… —순수한 새벽!
모든 것이 노래하고 있었다, 저 신선한 요람 아래,
내 가족은 자연과 함께,
내 아이들은 새들과 함께!

또는 사랑하는 딸의 무덤에의 이루어질 수 없는 순례를 환기한다.

나는 바라보지 않으리, 기울어가는 석양의 황금빛도,
멀리 아르플뢰르로 내려가는 돛단배들도,
그리하여 내 닿거든, 난 네 무덤에 놓으리라,
푸른 호랑가시나무와 히스 한 다발을.

그러나 '오늘'이 고통의 책이며, 때로는 반항의 책이지만, 체념의 그것은 아니다. 여전히 희망의 책이다. 위고가 고통 속에서도 우애에 대한 전적인 감각을 되찾는다는 점에서 희망이다. 또한 오래전부터 죽음과 악과 저승의 문제로 괴로워하던 위고가 망명지의 대양과 마주

하며, 게다가 지라르댕 부인[작가, 1804-1855]에게서 강신술 전수에 힘입어 자기의 고민에 대한 해답의 실마리를 발견한다는 점에서 희망이다. 이른바《어둠의 입…》의 시편들에서 형이상학적 확신은 마음과 정신의 동요에 대한 위안이 되고 있다. 아니 삶은 의미가 없는 것이 아니다. 아니 악덕은 치유될 수 없는 것이 아니다. 아니 영혼은 영원한 방황과 절망에 바쳐진 것이 아니다. **존재**는 거기에, 우리의 주위 어디에나 있으며, 생명은 풍요로워 모든 현실에 물을 준다.

> (…) 바람도, 파도도, 불꽃도,
> 나무도, 갈대도, 바위도, 모두가 살아있다! 모두가 영혼
> [으로 가득 차있다.

그리고 이때부터, 이미 통역자, 선도자, 예언자로 될 수 있었던 시인은 또한 신비술사도 마술사도 될 의무가 있다. 감춰진 **존재**를 느끼게 하고, 계시하기 위한 신비술사. 인어의 신기루와 기적으로 그것을 행하기 위한 마술사. 그가 쓰고 있듯이 "언어는 곧 **말**이며 **말**은 곧 신이기 때문이다." 이렇게 해서 〈잠시의 갬Eclaircie〉의 마지막 시구에 나타나는 놀랍도록 진정된 유일한 리듬은

되찾아지고 고백된 정신적 안정의 이미지를 제시한다. "모두가 아득하고, 고요하고, 행복하고, 가라앉았다. 신이 바라보고 있다."

《징벌시집》은 인간해방의 정치적 서사시였으나, 《관상시집》, 이 "어느 영혼의 회상록"은 위고에게서 서정과 서사 사이에 경계선이 존재하지 않음을 보여주었다. 이제 남은 것은 전 인류와 전 창조의 우주적 서사시를 쓰는 것이었다. 《여러 세기의 전설》, 《신》, 그리고 《사탄의 종말》이라는 일종의 3부작을 이루는 위고 최후의 위대한 시쓰기들이 바로 이와 같은 원대한 기도에 바쳐진다. 이 세 텍스트 가운데 1853년에서 1855년까지 씌어진 《신》과 《사탄의 종말》은 미완성으로 남을 것이다. 《여러 세기의 전설》은 1859년에 처음으로 발간되었으나 1883년에야 결정적으로 완성될 것이다.

이 《여러 세기의 전설》의 거대함과 비길 만한 것은 오직 그 저자의 야심뿐이다. 그는 이렇게 쓴다. "나는 인류를 역사·우화·종교·과학의 모든 면에서 연속적이며 동시적으로 그리려 했으며, (…) **인간**이라는 하나이자 다수인, 침울하며 빛나는, 숙명적이면서도 성스런 이 위대한 형상을 나타내려 한 것이다." 다시 한번 서사시의 도정은 "어둠에서 이상으로" 이르는 그것이 될 것이다. 그러나 단 하나의 길을 통해서는 아니다. 사실 《여러 세기의 전설》은 작은 서사시의 연속이며, 그것이 합쳐져 하나의 장대한 연작작품을 형성한다. 위고는 그의 주제와 인물들을 모든 역사와 모든 신화에서 빌려온다. 카인과 보아즈는 성서에서, 마호메트는 쿠란에서, 안드로클레스는 로마에서, 비바르, 에비라드누스, 롤랑은 중세 기독교 세계에서. 출처도 별문제가 아니며, 박식의 무거움도 별문제가 아니다. 그에게 중요한 것은 "세기에서 세기로 이어지는 인류의 개화"를 증명하는 일이며, 그 개화는 저 신비롭고 억제할 수 없는 힘, 어둠의 시대를 극복하고 빛의 시대에 꽃피는 **진보**가 가져온 것이다. 신화에서마다 명백해지는 것은 **존재**의 충만성을 점차 장악해 가는 가운데 나타나는 인간의 과학과 의식의 발전이다.

모든 역사, 모든 서사시는 위고에 있어서 모든 분열을 종결시키는 화해 속에 끝난다. 《여러 세기의 전설》에서 **선**과 **악**의 내설은 이상적이고 개선된 인류의 출현이 예감되는 가운데 종식된다. 《사탄의 종말》에서 저주받은 천사는 회개에 의해 대천사Lucifer의 빛의 의상을 다시 입는다. 《신》에서 신학적 · 형이상학적인 망설임은

범신론적인 최후의 신앙고백으로 바뀐다. 그것은 위고가 세계의 모든 악에 명철하면서도 근본적으로는 여전히 낙관주의 사상가이기 때문이다. 그의 서사시는 다름 아닌 그 광대함에 의해, 이 낙관주의와 이 신뢰의 설명 바로 그것이다. "밤으로 시작된" 이 서사시는 "미광으로 끝난다".

위고의 재능은, 앞에서 말했듯이, 풍요로움과 콘트라스트로 이루어진다. 따라서 우리는 그가 《여러 세기의 전설》의 어려운 일을 계속하고 있는 바로 그 시기에 《거리와 숲의 노래》(1865)와 같은 흥겹고 경쾌하며 기발한 시에 열중하고 있음을 알아도 놀라지 말자. 또 그는 1870년에 프랑스로 돌아와 1885년에 죽기까지, 청춘시절과 변함없는 열정과 다양성으로 더욱 많은 작품들을 쓸 것이다. 《공포의 해》(1872)와 같은 역사적·정치적 시편들, 《할아버지 노릇하는 법》(1877)에서 볼 수 있는 즐거운 서정의 시편들, 또는 《교황》이라는 제목의 저 유명한 반교권의 공격문과 같은 풍자시들. 오직 죽음만이 그 창조적 재능의 힘을 막음할 것이다. 그를 위한 국장國葬은 그 성대함과 그 엄숙함에 의해 국민과 국가가 그의 작품의 위대함에 바치는 지극히 합당한 존경의 표시가 되리라.

이와 같이 연보를 통해 보게 되는 위고의 창조는 실로 인상적이다. 그 전체의 광대함과 풍요로움은 그 어떤 텍스트의 안이함과 불균형을 잊게 한다. 위고는 세부보다 덩어리masse의 시인이다. 그는 로망파라기보다 로망주의 그것이다. 그는 작품 속에서 시의 모든 면을 남김없이 보이면서도 자신의 천재가 지니는 모든 개성을 시에 새겨놓았다. 자신의 비전과 상상력의 자질에 의해, 자신의 탁월한 기교상의 솜씨에 의해.

상상력은 그에게 있어 지배적인 자질이다. 위고의 재능은 숙고와 명상에서보다도 "보게 하고 이미지로 옮겨놓는" 그의 시선에 있다. 선과 색의 작용에 민감한 예술가나 화가의 시선.

너는 그걸 여기서 본다. 황토색과 흰색들,
밭고랑이 수많은 줄무늬를 얽어 짜는 들판,
흙 위에 보일 듯 말 듯 덤불에 가려진 그루터기들,
풀밭에 서있는 꼴 더미 몇 개,
거무스름한 풍경을 연기로 그을리는 낡은 지붕들…

—〈편지〉,《관상시집》

예언자와 투시자의 우주적 시선.

> 4천 년 전부터 그는 심연으로 떨어져 갔다.
> 그는 어둠과 안개 속에 잠겨 들었다, 겁에 질려,
> 홀로, 그리고 그의 뒤, 영원한 암흑 속에서는,
> 그의 날갯짓이 더욱 천천히 떨어져 갔다.
>
> —《사탄의 종말》

관상가觀想家와 신비가의 환각에 사로잡힌 시선.

> 존재는 어둠과 황홀 속에 그 열기를 가라앉히고,
> 그 허리, 그 가슴, 그 눈, 그 어수선한 마음을 열어,
> 그 깊은 모공 속에 사방으로부터 받아들인다
> 성스러운 수액의 스며듦을.
>
> —〈잠시의 갬〉

이 시선의 통찰력이나 광범함에 도움이 되도록, 위고는 이미지 체계의 모든 재원을 소집할 것이다. 즉 우의, 직유, 특히 그의 이전에 어느 누구도 그토록 사용하지 않았던 은유. 은유는 이 거대함과 콘트라스트의 시에 나타나는 모든 대조법과 과장법의 특권적인 전달수단이

될 것이다.

그러나 상상력의 풍부함도 기법상의 뛰어난 솜씨가 없다면 아무 소용도 없을 것이다. 역사적이거나 철학적인 시일 때조차도 항상 묘사적이며 표현력이 풍부한 위고의 시는 그 작가에게 모든 표현의 수단에 대한 진정한 숭배를 강력히 요구한다. 그리고 그들 수단 가운데서도 맨 먼저 낱말. 따라서 위고의 어휘는 음향과 의미상의 풍부함과 다양함으로 이루어진다. 그는 신비로운 울림이나, 강렬한 암시력을 가진 낱말들을 사랑한다. 그는 명사를, 고유명사와 보통명사를 가리지 않고, 창조하거나 변형한다. 그의 목적은 이 "언어의 백성"의 모든 생명력과 모든 떨림을 이용한다는 것이다.

> 말들은 물이 암초에 부딪치듯 서로 이마를 부딪친다.
> 그들은 우글거리며, 생각에 잠긴 우리의 정신 속에
> 발톱이나 손을, 또 어떤 것들은 날개를 편다.
> (…)
> 꿈꾸는, 슬픈, 즐거운, 쓰라린, 불길한, 다정한,
> 어두운 무리, 말들은 우리의 내부에서 오고 간다.
> 말들은 영혼의 신비로운 통행인이다.
>
> —《관상시집》

낱말들의 배열 또한 이에 못지않게 그의 관심을 끈다. 온갖 시절詩節, 온갖 구형句型mètres이 그의 작품에 있다. 여전히 고전주의적이기도 한 그가 좋아하는 것은 12음절시구alexandrin이지만, 그것을 그는 어쩔 수 없이 받아들이는 것이 아니라, 분절coupes의 위치에 변화를 주고 시구의 보내기rejets나 걸치기enjambements를 마음껏 다루면서 이 시구의 모든 유연성을 이용하는 것이다. 끝으로 리듬은 그의 상상력과 사상의 움직임에 더욱더 정확히 들어맞도록 그에 의해 끊임없이 새로 만들어지고, 끊임없이 다시 다듬어진다. 즉 욕설이나 서정적 앙양에서는 급격하고 불규칙한 리듬, 서사적 숨결 아래서는 유유한 리듬, 관상과 명상의 시간에는 침착하고 진정된 리듬, 환각의 순간에는 주술적이며 마술적인 리듬. 가에탕 피콩이 매우 적절히 쓰고 있듯이, "빅토르 위고의 찬란한 언어는 그의 비전의 광대한 조서에 다름 아니다".

로망파의 지도자였던 그는 로망주의자들의 모든 천분을 갖추고 있었다. 그들 중의 어느 누구보다도 그는 **말**과 **시구**의 힘을 절대적으로 믿고 있었다. 말라르메가 썼듯이, "그는 몸소 **시구**였다".

V. 네르발(1808-1855)
로망파에서의 현대파의 선구자

로망주의의 또 하나의 놀라운 얼굴, 제라르 드 네르발은 위고에 아주 가깝고 동시에 아주 멀다. 그가 **세나클**의 스승에게 표시한 열렬한 찬미에 의해 가깝고, 자아와 세계의 감춰진 신비를 예감하는 둘 다 공통된 능력에 의해 가깝고, 끝으로《여러 세기의 전설》의 저자의 시 작품처럼 로망주의 운동 이후 이 세기 후반기 초까지 계속되는 그 시작 활동의 연대에 의해 가깝다. 그러나 이 두 사람을 가깝게 하는 것은 거기까지다. 왜냐하면 네르발은 위고 작품의 그 엄청난 분량에 대해 가장 미미한 양의 작품밖에 내놓을 수 없기 때문이다. 그의 작품이 로망주의 시 가운데 가장 뒤떨어진다는 말인가? 물론 아니다. 후세 사람들이 볼 때 저 불행한 제라르 라브뤼니가 마르슬린 데보르드-발모르나 생트-뵈브 같은 사람들보다 위대한 시인으로 남는 것은 그의 텍스트에 로망주의의 현상 자체를 능가하는 중요성이 있기 때문이다. 위고는 로망주의를 남김없이 사용하고 시의 한 시대를 완성했다. 네르발은 또 하나의 시대를 연다. 그것은 바로 보들레르와 모든 현대파들의 시詩 시대가 될 것이다.

그러나 이 제라르 라브뤼니는 오랫동안 **세나클**의 자기 친구들에게는 다른 여러 당디들 중의 하나일 뿐이었으며, 그의 《보헤미아의 작은 성들》(1853)이 우리에게 말해줄 저 "문학적 보헤미안 생활"을 보내는 한 사람일 뿐이었다. 그는 로망주의의 열광시대에 롱사르풍의 앙증스런 소小오드의 창작과 괴테의 《파우스트》나 호프만의 《단편집》의 매우 훌륭한 번역에 몰두한다. 그러나 벌써 그의 생애의 이 시기에 1831년[정확히는 1832년]의 날짜를 가진 한 텍스트 〈팡테지〉는 그 어조의 은근한 불안감에 의해 앞으로 오게 될 그의 작품의 모든 주제를 예고하고 있다. 시인은 이 연가romance의 첫 4행에서 야릇한 음악을 흥얼거리지만, 그것이 이제부터 그의 시구의 음악으로 될 것이다.

노래 하나 있으니 그걸 위해 나는 다 바치리,
로시니를 모두, 모차르트와 베버를 모두,
아주 낡은, 울적하고 침울한 노래 하나,
그 비밀스런 매력 나 혼자만을 위해 있네!

그리고 마지막 연에서는 그의 삶과 꿈이 이제부터 끊임없이 찾게 될 저 신비로운 여인의 얼굴이 벌써 나타나고 있다.

그리고 그 높은 창에, 한 귀부인,
검은 눈에 금발머리, 옛날 옷을 입고,
아마 전생에서 벌써 보았을…
그리고 지금 내 기억에 되살아나는!

이 여인을, 삶은 그로 하여금 1836년에 만나게 한다. 그녀는 모든 로망파들에게서처럼 영감을 주는 뮤즈가 되리라. 제니 콜롱, 여배우. 그러나 정열은 곧 비극에 이른다. 제니는 불성실할 것이며, 네르발을 버리고 결혼할 것이다. 머리에서 떠나지 않는 영원의 여인상의 화신을 그녀에게서 찾았다고 믿었던 그는 1841년 처음으로 정신착란에 빠져든다. 1842년의 제니의 죽음은 마음의 깊은 상처를 더욱 악화시킬 것이다. 1843년의 동방여행도, 블랑슈 박사의 병원에서 머문 나날도 이 상처에는 아무 소용이 없을 것이다. 1851년부터 이미 네르발에게는 그 광증의 암흑 속에서 이따금 이성을 되찾는 순간들이 있을 뿐이며, 이 광증이 1855년 1월 어느 날 아침 그를 목매달게 할 것이다. 그러나 이따금 드는 눈부신 제정신 바로 그 속에서 그는 우리에게 탁월한 기법으로 다루어지고 변모된 그 내적 드라마의 열렬한 증언들을 남길 것이다. 《실비》(1853), 《불의 딸들》(1854)의 중·단편 소설들, 《환상》(1854)의 열두 소네트, 그리고 《오렐리아》(1855).

드라마는 그에게 있어 끔찍하다. 그것은 육체와 정신이 실제로 체험한 분열의 드라마다. 그러나 작품은 운문이건 산문이건 결코 그 드라마로 넘쳐흐르지는 않는다. 비니처럼 네르발도 여러 감정을 제약 없이 언어로 토로함을 거부한다. 그러나 《운명》의 저자가 상징만을 사용했던 반면, 《환상》의 저자는 감동을 응축하고 결정結晶시키는 모든 기법을 갈고 닦는다. 결정작용의 성공은 우선 소네트가 소小오드odelette와 같은 짧고 간결한 형식들을 완벽하게 구사함으로써 이루어진다. 후에 말라르메에게서처럼 각각의 시구는 잘 어울리는 귀중한 "골동품"과도 같은 엄밀한 구조 속에 다듬어진다. 이 구조의 첫 번째 특질은 독창적인 구두법과 철자법에 의해 돋보이는 완벽한 리듬의 박자이다.

나는 **어둠의 사나이**, —**홀아비**, —**위로받지 못하는 자**,
허물어진 **탑**에 사는 아키텐의 **군주**.
내 단 하나의 **별**은 죽었다, —그리고 별을 아로새긴 내

[뤼트는

우수의 검은 **태양**을 지닌다.

—〈폐적자廢嫡者〉

그리고 두 번째 특질은 상호 간의 하모니 속에 서로를 부르는 낱말과 낱말의 이상적인 조화음이다.

언제나, 비르길리우스의 월계수 가지 아래서는,

창백한 **수국**이 푸른 **도금양**과 얽힌다!

—〈미르토〉

그러나 결정結晶은 단지 기교에 의해서만이 아니라 주제에 의해서도 이루어진다. 네르발의 드라마는 우리가 이미 말했듯이 분열의, 자기동일성 상실의 그것이다. 그러므로 전락한 기사는 운문[〈폐적자〉]으로 말한다. "나는 사랑의 신인가 태양의 신인가? … 뤼지냥인가 비롱인가?" 그러므로 자신의 내부와 자신의 말 속에서 이미 현실과 상상세계를 구별하지 않는 《오렐리아》의 화자는 훌륭한 시적 산문으로 말한다. "여기에서 현실의 삶 속으로 꿈의 넘침이 시작된다." 그런데 네르발로서는 분열이 생기는 것은 잘못이 있었기 때문이다. 시의 사명은 따라서 속죄와 복성復聖의 사명이 되리라.

복성은 **자아**가 사라짐과 동시에 다시 발견되는 저 공간, 즉 기억과 꿈의 철저한 탐험으로부터 시작된다. 그래서 네르발은 가장 광적인 꿈의 분석과 가장 흐릿한 추억의 환기에 몰두한다.《실비》는 기억에의 길, 발루아에서 보낸 어린 시절의 추억에의 도정이다.《오렐리아》는 꿈에의 길, 꿈 체험 이야기에 의한 복성에의 길이다. 그의 작품 가운데서도 홍예 머릿돌 같은《환상》열두 편의 소네트는 이 어려운 속죄에 이르려는 이중의 여정을 나타낸다. 그러나 어느 작품에서도 네르발은 자신의 개인적 이력이나 환상적 비전의 무의식적인 기억을 직접 환기하는 데 빠져들지는 않는다. 그의 탁월한 언어 제어력은 영감이 아무리 난폭하고 진정한 것일지라도 그 영감의 제어력을 함께 지닌다. 구원과 안정은 그에게서 이들 꿈과 추억의 소재 자체에보다 꿈의 조종과 추억의 해명에 있다. 언제나 그는 자연히 팽창하는 그 꿈과 추억들에 대해 구원을 가져오는 "거리", 즉 신화의 거리를 두려고 노력한다.

그가 바로 이러한 신화적 결정작용에 이용하는 것이 여러 옛날이야기나 전설에 관한 자신의 작업, 동방이나 유럽의 비교秘教에 대한 탐구, 종교상의 제교혼함諸教混

合에 관한 연구를 통해 알게 된 모든 것들이다. 이렇게 해서 실비는 이따금 영원성의 비전, "영원히 젊은 전설의 요정"의 비전으로 화신한다. 오렐리아는 제니에 대한 추억의 영감이 생명을 불어넣은 인물이지만, 동시에 어머니, 아내 그리고 매개자이기도 한 **여성**의 모든 얼굴을 환기한다.

> 나는 내 생각을 성스러운 어머니이자 아내, 영원의 이시스에게 옮겼다. 나의 모든 갈망, 나의 모든 기원은 이 마술적인 이름 속에 혼합되어, 내가 이 여신 속에서 되살아나는 것을 느꼈다. 여신은 때로는 고대 비너스의 모습으로, 때로는 기독교도들의 성처녀의 모습으로 나타나곤 했다.

이렇게 해서 《환상》에서도 역시 시인은 호루스, 오르페우스 그리고 그리스도와 같은 인물들, 모두 구속救贖의 형상들 속에 차례차례 자신을 재창조하고 재발견한다. 네르발에게 있어 해방은 되찾아진 과거의 순간들이나 느끼고 있는 현재의 현기증들을 역사나 신화의 비시간성 속에 용해시키는 대가로만 얻어지는 것이기 때문이다. 체험의 도가니는 바로 언어의 도가니인 것이다.

따라서 절망과 불안을 지닌 로망주의자 네르발이 이미 다른 시대의 시인임을 보다 잘 이해할 수 있다. 시는 그에게서 더 이상 고통스런 내면성의 표현수단으로만 사용되는 것이 아니다. 시는 하나의 인간과 하나의 우주의 창조, 아니 적어도 "재창조"의 사명을 띠고 있다. 시는 미美의 작업이면서 동시에 언제나 실존의 재구성이다. 이렇게 해서 《환상》의 작가가 어떻게 그 후계자들의 눈에 천재적인 선구자로 나타날 수 있었는가를 알게 된다. 그 비상한 감수성에 의해, 세계의 신비와 말을 쉽게 이해하는 그 능력에 의해, 바로 그가 위고보다 더 잘 보들레르를 예고한다.

> 꽃은 제각기 **자연**에 피어난 영혼이다.
> 금속 속에도 사랑의 신비가 쉬고 있다.
> "모든 것이 감각을 지녔다!" 그리고 모든 것이 네 존재
> [에 힘을 미친다.
>
> —〈황금 시편〉

자재롭게 말을 다루고 말의 조화를 붙잡고 말의 마술적 우주를 만들어낸다는 점에서 그는 벌써 랭보를 예시한다. 예를 들어 《오렐리아》의 다음과 같은 구절은 만

물이 언어의 현기증 나는 매혹 속에서 태어날《일뤼미나시옹》의 악마적인 "말의 연금술"을 상기시키지 않겠는가.

> 내가 따라간 부인은 색깔 어른거리는 호박단 옷 주름을 번쩍이면서 그 날씬한 몸을 펴 벗은 팔로 긴 접시꽃 줄기 하나를 우아하게 안았고, 그러자 그녀는 밝은 광선 아래 커지기 시작하여, 그래서 차츰차츰 정원이 그녀 모습을 띠게 되고 화단과 나무들이 그 의상의 장미꽃 무늬와 꽃줄장식으로 되어갔으며, 한편 얼굴과 양팔은 하늘의 주홍빛 구름에 그들 윤곽을 새겨갔다.

끝으로 초현실주의자들도 역시 그를 천재적인 조상으로 간주하고자 할 것이다. 자신의《환상》에 대해 "초자연주의적인super-naturaliste 몽상의 상태에서 쓰인 소네트"라고 말한 그를.

그러나 그가 스스로〈묘비명〉으로 삼고자 했던 소박하지만 감동적인 시구에서 환멸과 수수께끼에 찬 그의 생애와 창조에 대해 가장 훌륭한 이미지를 제시한 것은 아마 다름 아닌 그 자신이다.

그는 살았다, 때로는 한 마리 찌르레기처럼 쾌활하게,
태평스런 연인이었다 다정스럽게 되었다 하며,
때로는 불쌍한 클리탕드르처럼 음울하고 꿈에 잠기며,
(…)

그리고 이 삶이 지겨워, 어느 겨울 저녁,
마침내 영혼을 빼앗기는 순간이 왔을 때,
그는 떠나가며 말했다, "나는 왜 왔던가?"

제2부

시에 관한 이의제기의 시대
(1850-1900)

제1장 파르나스파의 이의제기

로망주의 운동은 외부로부터 공격이나 비난의 대상이 되었다기보다도 스스로, 내부로부터 숨이 가빠졌다. 우리가 이미 살펴본 바와 같이 어떤 시인들의 서정 토로의 남용, 다른 시인들의 심한 기교상의 안이함은 몇몇 로망파 시인들 자체로부터의 비난의 대상이다. 테오필 고티에도 또한 로망파의 한 사람이지만, 그는 자신의 작품에서 이 모든 남용에 분명한 거부를 표시하고 그렇게 함으로써 보다 "순수"하고 보다 엄격한 시를 위해 역시 명백한 반동을 표명하게 된다. 좀 후에 르콩트 드 릴과 그의 파르나스파 친구들, 방빌, 프랑수아 코페, 쉴리 프뤼돔, 조제-마리아 드 에레디아는 고티에를 그들 운동의 선구자로 보게 될 것이다. 이 운동의 주장은 게다가 같은 시대에 역사 및 소설의 영역에 매우 뚜렷한 흔적을 남긴 실증주의 이론으로부터 명백한 영향을 입게 될 것이다.

I. 고티에(1811-1872)
선구자

테오필 고티에는 그 데뷔 당시 위고와 네르발과 나란히 가장 열렬한 로망주의자의 한 사람이었다. 그는 저 유명한 "에르나니 전투"의 주역의 한 사람이기도 했다. 그러나 그의 초기 시 작품들은 벌써 로망주의 운동의 몇 가지 양상에 대해 어떤 이탈 내지 아이러니를 나타내고 있다. 엄격한 그는 너무나 자주 "값싼" 회화적인 것과 이국취향에 대한 자기 동시대인들의 심취를 공공연히 조롱한다. 진지한 그는 신비로운 것에 대한 그들의 숭배를 줄곧 참고만 있지는 못한다. 심히 비관주의자인 그는 시사적인 시의 "기분풀이" 효능이나 사회·정치 시의 실제적 효과를 별로 믿지 않는다.

저널리스트라는 자신의 직업에 의해 일상적인 것의 불확실함을 가늠할 수 있었던 그는 보다 비시간적이고 생활의 우연성을 보다 잘 모면할 수 있는 시에 의해 그것으로부터 도피하려고 결심하게 된다. 대단한 여행가이며 매우 훌륭한 예술비평가인 그는 스페인과 동방 여행으로부터 잊을 수 없는 "영원한" 이미지와 풍경들을 가득 안아 올 것이며, 그의 시는 그것들을 재구성하게 될 것이다. 두 개의 시집이 그의 작품에 기원을 긋는다. 《에스파냐》(1845)와 그리고 특히 《칠보와 카메오》(1852)다. 후자는 그 제목이 말해주듯이 언어의 뛰어난 금은세공사가 인내심을 다하여 갈고 닦은 시의 정교한 장식품의 "진열장"과도 같은 것이다.

과연 고티에는 절대와 영원에의 자신의 열망을 바로 예술의 연속성과 완벽한 기교가 가져오는 불후의 결실에 맡긴다.

모두가 사라진다. —오직 굳건한 예술
만이 영원을 얻는다.
　흉상은
도시의 멸망 뒤에도 살아남는다.

—〈예술〉

작업이 고될수록 작품은 더 오래 살아남으리라. 따라서 시인은 형태가 잡히지 않는 까다로운 소재에 대해 시를 무기로 벌이는 싸움에 어떠한 노력도 아끼지 않는다.

그렇다, 작품은 한결 아름답게 나타난다
갈고 다듬어도 까다로운

형태로부터,

시구, 대리석, 줄마노, 칠보.

—〈예술〉

서사시의 웅대무변함이나 거창한 애가의 고통스런 심각함은 그의 등장과 함께 끝났다. 고티에는 기념비적인 벽화보다 섬세하게 새겨진 보석을 더 좋아한다. 가령 베네치아 〈카니발〉의 갖가지 빛깔로 가득한 분위기를 암시하기에는 다음 4행시절詩節만으로 충분하다.

베네치아는 무도회를 위해 차려입는다.

옷에는 온통 스팽글 장식,

반짝이고, 북적대며 웅성거린다

빛깔도 가지가지 카니발.

또한 〈백장조白長調 교향곡〉의 찬란한 빛으로 우리를 눈부시게 하기에는 아래의 다른 4행시절만으로 충분하다.

둥근 눈덩이, 그녀의 젖가슴은,

하얀 동백을 받아치고

그녀의 하얀 비단옷은
　무례한 싸움을 지탱하고 있다.

시쓰기에 대한 이러한 견해는 고티에의 동시대인들과 후계자들에게 흔적을 남기지 않을 수 없었다. 바로 이 미에의 숭배, "예술을 위한 예술"에의 숭배 속에 파르나스파 사람들은 그들의 길을 발견할 것이다. 그러나 또한 본질적으로 조형적인 시라는 이 견해 속에 보들레르도 자신의 길을 찾아낼 것이다. 그가 시집 《악의 꽃》을 고티에에게 바치게 됨을 잊지 말자. 후에 새로운 지평선에 꽃피기 위해 시를 한때 차갑고 비인간적으로 보일 위험을 무릅쓰고라도, 기법상의 모든 재산목록을 작성해야만 했었는지도 모른다.

II. 르콩트 드 릴(1818-1894)
파르나스파의 지도자

테오필 고티에가 파르나스파 운동의 선구자였다면, 그 진정한 지도자는 분명 르콩트 드 릴이었다. 처음에는 이 사람으로 하여금 라마르틴의 태도에 대한 대립적 반론이라고 말할 수 있는 시적 태도를 취하도록 운명짓는 것이라곤 아무것도 없었다. 즉《명상시집》의 저자가 시를 몰아냈던 파르나스 산의 정상에 다시금 시를 끌어올린다는 태도다. 그의 청춘은 우선 출생지 레위니옹 도島의 화려한 이국정취 속에서 길러지고, 다음에는 라므네나 푸리에[공상적 사회주의 사상가. 1772-1837] 같은 사람들의 위대한 인도주의적 주장에 대한 심취 속에 성숙하여, 차라리 그에게 열광적이며 고결한 시인이 될 소지를 마련했다. 그러나 수많은 선배들과 동시대인들의 경우와 마찬가지로 그의 시의 본질적인 향방은 삶과 역사의 현실과 처음으로 접촉한 뒤의 실망과 환멸로부터 연유하게 된다. 1848년 [2월] 혁명의 실패와 제2제정의 도래는 그의 심정과 정신의 모든 약동을 꺾어버리게 된다. 위고는 실패와 역경 속에서 제2의 기운을 찾아내어 계속해서 자기의 시를 투쟁과 복수의 수단으로 삼았었다. 르콩트 드 릴은 이제부터 자기의 예술을 현실의 공격을 막기 위한 피난처로 삼을 것이다. 현실이 그에게 실의와 역겨움만을 가져다주기에 그는 "숭고한 형태에 대한 차분한 관상觀想"에 눈을 돌리게 될 것이다.

이 "관상"은 우선 그의 정신 속에서, 로망파들에게 그렇게도 소중했던 내면 성찰을 거의 전적으로 포기했음을 의미한다. 그러나 인간 르콩트 드 릴은 냉정한 사람도 무감각한 사람도 아니었다. 그의 모든 작품에서 보게 되는 의도적인 조심성이 자신의 몇몇 감정들이나 몇몇 신념의 깊이를 잘 감출 수는 없으리라. 고향에의 향수, 가끔 배반당하기도 한 사랑하는 남자의 원한, 시민으로서의 환멸, 철학자로서의 염세주의, 사색가로서의 형이상학적 불안, 그러나 그의 이론적인 이야기는 명쾌하며 선배들에 대해 엄격하다. "개인적인 주제와 너무 자주 반복되는 그 변주가 주의력을 지치게 하고 말았다. (…) 마음의 고통과 그에 못잖게 쓰라린 쾌락 따위를 공개적으로 고백하는 속에는 터무니없는 허영과 모독이 있다." 자신의 말parole이 자아의 감정을 이야기하는 것을 거부하는 시인은 그렇다면 어디서 스스로의 영감을 발견할 것인가? 대주제와 영원의 테마의 몰개성 속에서라고 르콩트 드 릴은 대답한다. 그의 두 주요 시집, 《고대시집》(1852년부터 1874년에 걸쳐 쓰인)과 《야만시집》(1862년부터 1878년에 걸쳐 쓰인)의 제목은 이렇게 모색된 몰개성의 길을 보여주고 있다. 역사적인, 그리고 문화적인 이중의 "환경전환dépaysement"의 길이다. 《고대시집》에서 그가 복원하려 하는 것은 인도와 희랍의 잃어버린 역사와 철학과 문명이다. 《야만시집》에서 그가 상기하려 하는 것도 역시 사라진 세계와 문명의 보다 광대한 다발이다. 인도와 희랍은 여전하지만, 또한 중세의 페르시아·스페인·이탈리아, 북구와 스칸디나비아의 나라들, 그리고 그가 태어난 레위니옹 도의 풍경을 상기시키기도 하는 먼 이국적인 지역들.

어쨌든 그가 스스로에게 부여하는 목표는 다소간 멀리 떨어진 문화나 과거의 환기를 통해 이상적인 형식의 완벽과 명증明證 속에 절대적이며 초월적인 **미**를 솟아오르게 하는 것이다. **미**에 대한 이러한 숭배는 물론 고티에를 생각하게 한다. 그러나 르콩트 드 릴에게는 보다 많은 엄격함과 더욱더 많은 면밀함이 있다. 그에게 있어 **미**의 도정은 보다 분명하게 그어져 있으며, 주제의 몰개성에 대한 그의 관심 속에는 시에 있어서의 자료연구와 표현방식의 객관성에 대한 끊임없는 집념이 담겨있다. 르콩트 드 릴은 당시 이를테면 플로베르 같은 사람의 소설적 시도에 흔적을 남기고 있는 초기 실증주의 이론에 영향을 입어 시의 자유와 우연성을 과학의 엄밀함과 화해시키려 한다. 그는 이렇게 쓰고 있다. "**예술**과 **과학**은 각기 방향이 다른 지성의 노력의 결과 오랫동안 분리되어 왔으나, 이제 서로 혼합되지는 않더라도 긴밀히 결합되어야 한다."

이 야심적인 계획은 실행에 있어서 그에게 두 가지

의무를 부과한다. 우선 스스로의 시가 말하는 주제에 대한 가능한 한 "정확한" 연구. 그러므로 그는《고대시집》이나《야만시집》을 쓰기에 앞서 고고학·역사·문화의 자료에 대해 면밀히 탐구하는 것이다. 그러나 한편으로 그는 자기 텍스트의 에크리튀르 자체에 있어서도 역시 엄격하려 한다. 그는 로망주의의 모든 안이함을 거부하여 형식상의 실현을 위해 진정한 속박을 스스로에게 부과하는 것이다. 12음절시구의 복구, 분절[나누기]coupes의 신중함, 어휘의 순화, 웅변의 제어 등등.

물론 그 결과에 대해서는 논란이 있을 수 있다. **미**에 대한 이 절대적 신앙과 **형식**에 대한 이 광신에는 박식의 모든 무거움이나 관습의 모든 범용함이 따르기 마련이다. 지나간 세기들의 한 페이지를 슬기롭고 조심성스럽게 되새기고 있는 이런저런 시편을 읽다 보면,《전설》에서 보인 위고의 환시적 재능의 대담성과 깊이가 아쉬워진다. 르콩트 드 릴에게는 확실히 약동과 열광이 없다. 그는 운동과 변전을 그리지 못한다. 그러나 그에게는 결점이 곧 장점이 되는 면이 있다. 재빠른 감식력을 타고났으며, 언어의 기술자로서의 정확한 솜씨를 갖춘 그는 느리거나 움직이지 않는 모든 것을 환기하는 데 탁월하다. 가령 〈니오베〉의 입상이나 〈밀로의 비너스〉의 반신상.

무감한 행복의 오 경애로운 상징이여
청명한 **바다**처럼 고요한 그대,
그 어떤 흐느낌도 그대의 변함없는 가슴 찢어놓은 적 없[으며,
일찍이 인간의 눈물이 그대의 아름다움 흐려놓은 적 없다.

여름날 〈정오〉의 압도적이며 호화로운 순간.

들판에 내리쬐는, 여름의 **왕**, **정오**는,
푸른 하늘 높은 곳에서 온통 은실 보자기 되어 쏟아져[내린다.
만상은 침묵한다. 대기는 불이 붙어 숨결도 없이 타오른다.
대지는 불의 옷을 입고 졸고 있다.

혹은 야생동물상의 한결같은 모습들. 목을 지키는 〈검은 표범〉의 무시무시한 꿈틀거림, 〈코끼리〉의 육중한 발걸음, 재규어의 꿈꾸는 듯한 나른함, 천공에서의 놀라운 〈콘도르의 잠〉.

목쉰 울음소리 내며, 바람도 닿지 못할 곳에 그는 올라,
검은 지구에서 멀리, 살아있는 별에서 멀리 떨어져,

그는 잔다, 얼어붙은 대기 속에, 두 날개 활짝 펴고.

엄격하나 진지한 이론가, 완고하나 타고난 예술가, 이 이중의 재능이 그를 젊은 시인들의 한 그룹 전체의 지도자로 만들었다. 이제 젊은 시인들은 옛날 **세나클**에 갔던 사람들처럼 그의 집에, 그의 살롱에 와서 조언과 격려를 구할 것이다.

III. 파르나스파 시인들

이 파르나스파는 새로운 **플레이아드파**가 아니다. 파르나스파 시인들은 로망파보다도 더 "유파"라고 불릴 만한 것을 구성하지 못한다. 그렇다면 1860-1865년대에 창간되고 폐간되는 《환상파 평론Revue fantaisiste》(1861), 《진보평론Revue du progrès》(1863-1864), 《예술Art》(1865-1866)과 같은 문예지[文藝誌 또는 文藝紙]에 따라 집결하는 저 젊은 시인들이 공동으로 지니고 있는 것은 무엇일까? 우선 "선구자" 고티에에 대한 존경과 "스승" 르콩트 드 릴에 대한 찬탄, 다음에 로망파의 심정토로에 대한 지겨움 내지는 역겨움, 끝으로 **미**와 심미적 작업에 대한 새로운 관념들이다. 그러나 이러한 공통점들이 통일을 이룩하는 것은 아니다. 1866년에 출판업자 르메르가 《현대 파르나스 시집》이라는 제목 아래 서른일곱 시인들의 작품을 단권 시집으로 묶을 때, 그가 제시하는 것은 구조를 갖춘 어떤 유파의 선언이라기보다는 차라리 "현금의 시"의 반영이다. 이 "새로운 시집"의 기고가들의 명단을 보아 판단하기 바란다. 한편에서 우리는 고티에, 르콩트 드 릴 그리고 그들의 진정한 신봉자들인 프랑수아 코페, 카튈 망데스, 쉴리 프뤼돔, 에레디아를 발견한다. 다른 한편에서 우리는 보들레르, 베를렌, 말라르메 같은 시인들의 이름을 발견하지만, 이들에게 있어서 파르나스파 체험은 목표이기는커녕 시쓰기에 대한 일종의 견습에 불과한 것이다. 이 시인들은 서로 만나면 아마 같은 문제에 대해 말하겠지만, 그러나 벌써 같은 언어로 말하는 것은 아니다. 이미지라는 말로 보들레르와 코페가 의미하는 것 사이에는 아무런 공통점이 없으며, 형식이라는 말로 말라르메와 에레디아가 의미하는 것 사이에도 아무런 공통점이 없다. 가에탕 피콩이 매우 적절히 쓰고 있듯이 "모방자들"과 "발명자들"이 거기에 나란히 있는 것이다. 위대한 발명자들의 작품을 자세히 보기에 앞서 매우 재능 있는 모방자 몇 사람의 작품을 보기로 하자.

테오도르 드 방빌(1823-1891)은 그들 중에서 가장 흥미로운 사람은 아니지만 아마도 파르나스파의 예술을 가장 잘 나타내고 있는 사람의 하나다. 그는 르콩트 드 릴보다도 먼저 고대문명에서 영감의 주제를 끌어냈으며(1842년에 씌어진《여인상주》는 희랍의 예술과 재능에 바쳐진 예찬이다), 특히《종유석》[1846]에서는 형식적 완성에 대한 숭배를 보이고 있다.

조각가여, 정성 들여 찾아라, 황홀한 영감을 기다리며,
아름다운 화병을 만들기 위해 흠 없는 대리석 하나를.

그도 역시 언어의 탁월한 기술자로서 명수나 곡예사처럼 말을 구사한다. 그의 눈부시고 다양한《소小오드집Odelettes》(1856), 우아하고도 경묘한《줄타기 오드집》(1857), 중세풍의《유쾌한 발라드집》[1873]과《롱델집》[1875], 이것들은 모두 시적 언어의 고금古今에 걸친 모든 가능성을 시도한 리사이틀이다. 형식, 운율, 리듬, 각운… 1872년《프랑스 시법 소론》에서 시의 작업과 "숙련"에 대한 파르나스파 이론의 가장 훌륭한 요약의 하나를 제시하게 되는 것도 바로 그다.

쉴리 프뤼돔(1809-1907)에게는 방빌의 묘기가 없다. 또한 그는 방빌처럼 파르나스파의 신념을 모두 지니고 있는 것도 아니다. 물론 그도 역시 르콩트 드 릴처럼 철학적인 시건 형이상학적인 시건 간에 시를 과학과 화해시킬 것을 꿈꾸었다. 물론 그도 역시 비시간적이며 몰개성적인 시를 위해 스스로의 문체와 작시법을 완성하려고 자주 노력했다. 예를 들어 그의 〈백조〉의 다음과 같은 한 절은 〈콘도르의 잠〉의 작자의 펜에서도 태어날 수 있었으리라.

모든 형태가 어렴풋한 유령으로 되고,
지평선이 갈색으로 물들어 한 줄기 붉은 줄 길게 그어지
[는 시간,
등심초 하나, 글라디올러스 한 송이 움직이지 않는데,
(…)
새는, 보라색 띤 유백색 밤의 광채
수면에 비치는 어두운 호수에서,
다이아몬드들 속의 은銀항아리처럼,
잠든다, 날개 아래 고개 접고, 두 하늘 사이에서.

그러나 그에게는 다른 사람들보다 냉정함과 "거리"

가 적다. 그의 초기 시집들(1865년부터 1869년까지 씌어진 《스탕스와 시》, 《시련》, 《고독》)은 항상 억제되는 것만은 아닌 깊은 감수성과, 스스로에게 부과하는 형식상의 속박에 종종 만족하지 않는 윤리적 내지 정신적 자각을 나타내고 있다. 《정의》(1878)와 《행복》(1888) 같은 후기의 교훈적 대시집들도, 너무 거추장스러운 산문투와 "답답함"에도 불구하고, 좀 덜 엄격하고 좀더 자유로웠다면 그의 시가 나타내었을 다른 모습을 여기저기에서 엿보게 하고 있는 것이다.

프랑수아 코페(1842-1908)의 작품에 대해서도 같은 말로 평가할 수 있으리라. 코페가 1866년 《성유물함》을 발간할 때 그는 냉정하고 엄격하다. 그러나 좀 후에 《단란한 삶》(1868), 《가난한 사람들》(1872), 《산책과 실내》(1872) 등에서 보다 많은 애정과 친밀감을 드러낼 때, 그는 예술가로서의 자질을 전혀 잃지 않고도 보다 다정하고 진실해진다.

그러나 파르나스파 미학의 가장 완전하고 가장 눈부신 작품은 쿠바 출신이며, 아메리카 원정대에 참가한 에스파냐인 모험가의 후손이기도 한 시인 조제-마리아 드 에레디아(1842-1905)에게서 발견된다. 그가 자라난 가정환경과 대학교육(그는 고문서학교古文書學校의 학생이었다)이 그로 하여금 고티에와 르콩트 드 릴에 이어 예술가적이며 박식한 시인이 되게 한 것이다. 실제로 그는 그들 두 사람처럼 고대 그리스에서 르네상스 이탈리아에 이르는 여러 문명·역사·풍경의 시적 탐구에 헌신할 것이다. 그러나 그럼에도 불구하고 그의 작품에는 확실한 독창성이 결여되어 있지 않다. 그의 작품은 [거의] 모두 소네트로 이루어지며, 118편[정확히는 117편]의 이 소네트들은 1893년《전승비》라는 제목의 단권 시집으로 묶여진다.

이 협소하고 엄격한 틀, 마로[1496-1544]와 플레이아드파 동인들이 그렇게도 많이 사용했던 이 낡은 시 형식 속에서, 에레디아는 악마와 같이 능란하게 독자를 이끌어 과거의 장대한 장면이나 공간의 인상적인 풍경을 누비고 간다. 회화적인 세부, 환기적인 낱말, 음향 효과, 충격적인 리듬에 대한 예외적인 감각 덕분에, 그는 소네트의 간결함에 새로운 깊이와 강도와 입체감을 주게 된다. 그에게는 다른 파르나스파 시인들에 비해 무거움과 거추장스러움이 적다. 그들에 비해 보다 많은 움직임, 보다 많은 도약이 있으며, 또한 그가 선택한 그 형식에도 불구하고, 꿈과 무한을 향한 보다 넓은 길이 있다. 이 길이 뚜렷이 느껴지는 것은 흔히 그의 소네트 마지막 3행에서다. 어떤 시선은 거기서 광대한 풍경으로 퍼지고(〈안토니우스와 클레오파트라〉에서), 또 다른 시선은 우주적 관상 속에서 지속된다.

> 혹은, 하얀 범선의 뱃머리에 몸을 구부리고,
> 그들은 바라보고 있었다, 미지의 하늘에
> 새로운 별들이 **대양** 밑바다에서 떠오르는 것을.
>
> —〈정복자들〉

그러나 역시 그것은 순전히 형식과 기교상의 성공일 뿐이라고 사람들은 말할지도 모른다. 영감의 새로움은 어디 있는가? 마음의 깊은 진실성은 어디 있는가? 재능의 힘은 어디 있는가? 이러한 점에서는 에레디아 또한 그의 천분에도 불구하고 파르나스파 시인 모두에게 던져질 수 있는 근본적인 비난을 면하지 못한다. 파르나스파 시인들은 로망파의 지나침에 대한 불신 내지 반감으로 인해 시가 단지 감동의 언어에 불과해서는 안 된다는 것을 보여줄 수 있었다. 그러나 그들 중의 어느 누구도 시가 그 이외의 어떤 것이어야 하는가를 생각해 내지는 못했다. 심정의 지나침을 전적으로 말들의 지나침으로 옮겨놓았을 뿐, 그들은 시가 감동만으로 만족할 수는 없지만 감수성이 없는 시도 또한 있을 수 없음을 잊고 말았던 것이다. 시와 언어와의 관계를 다시 생각하기보다는 차라리 시의 "폐기"를 더 좋아함으로써 그들은 혁신의 대로로 통하는 좁은 문을 빠져나가지 못했던 것이다. 보들레르, 그리고 그와 함께 재능 있고 대담한 소수의 "발명자들"은 그 후 참을성 있게 이 혁신의 대로를 개척해 나갈 것이다.

제2장 보들레르의 혁신

보들레르의 시 작품이 맡아 한 역할은 플로베르의 작품이 소설의 영역에서 맡아 한 그것과 비교될 만하다. 그들은 모두 일종의 고전주의의 시대를 완성하면서도 또 하나의 시대, 오늘날까지도 계속되는 우리들의 시대, *현대성*modernité의 시대를 연다. 명확히 해둘 것은 그 생존연대(1821-1867)에 의해 보들레르는 우리 프랑스 시의 역사에서 이러한 "혁명"이 일어날 수 있었던 바로 그 시기에 살았다는 점이다. 사실 일면에서 인간 보들레르는 그 기질의 고결함과 혈기에 의해 어디까지나 한 사람의 로망주의자이며, 다른 일면에서 《현대 파르나스 시집》 동인들과 가졌던 접촉에 의해 그는 자기 세대 시인들의 반동(그 모두가 한결같이 로망파에 대한)을 완전히 알고 있다. 이렇게 해서 그는 타고난 성격에 의해서나 체험에 의해서나 바로 19세기의 중엽에, 우리가 이미 분석한 바 있는 시적 대립의 한복판에 있다. 감동의 시를 택할 것인가, 아니면 "무상無償"의 시, 순전히 심미적인 시를 택할 것인가? 보들레르의 천재, 그의 성공은 이 두 개의 선택 중 어느 한쪽으로 결정해 버리는 것이 아니라, 그 양쪽 각각의 과잉을 신중히 헤아리고 새로운 길을 제시하는 데 있으리라. 이 새로운 길에서는 언어와 형식이 감동에 대해, 그리고 보다 일반적으로는 영감에 대해 지니는 관계도 또한 새로운 관계를 이루게 될 것이다.

작품이 자리 잡는 삶과의 대결을 통해서 그 모든 의미를 얻게 되는 그러한 작품이 있다면 샤를 보들레르의 그것은 바로 이에 해당한다. 그의 일생은 때로는 그의 창작 소재를, 때로는 창조정신을 결정하는 드라마의 연속으로 요약될 수 있다. 1821년 파리에서 태어난 보들레르는 아주 어려서 아버지를 여의고 어머니가 저 유명한 오피크 장군과 재혼하자 이에 극도로 격렬하게 그리고 깊은 반항심으로 반응한다. 1840년대에[정확히는 1841년까지] 파리 교육기관의 생도 그리고 학생이었던 그는, 그 "반발"로 하여 예술적·문학적 보헤미안 생활의 환경 속에 점차 깊이 들어가게 된다. 그러나 이 "사회적 환경전환"만으로는 그에게 충분치 못하다. 1841년, 보헤미안 생활의 악영향에서 그를 끌어낼 수 있으리라 기대하는 가족들의 동의로 그는 인도를 향해 여행 길에 오른다. 그는 이 여행을 완전히 끝마치지는 못하나, 그의 몇 편의 시들은 그에게서 새로운 시상視像과 인상의 흔적을 놀라운 이미지의 형태로 남길 것이다. 광막한 대양, 모리셔스 섬의 이국풍취, 별세계의 향기…

파리로 돌아오자 아버지의 유산 중 자기 몫을 요구한 후, 그는 다시 몇몇 사람들과(특히 테오필 고티에와) 문학적 우정을 맺고 재능과 돈을 가진 "당디"의 파란 많은 생활을 보낸다. 그의 생애에 있어서 이 시기에는 또 흑백 혼혈녀 잔 뒤발과의 유명한 관계가 시작된다. 그녀는 이 파란만장한 관계의 우여곡절에도 불구하고 20년 동안이나 그의 애인으로 남을 것이다. 그것은 아마 1841년의 여행에서 발견한 저 찬연한 이국풍취를 그가 그녀에게서 다시 발견했기 때문이다. 그러나 이러한 이성 관계와 그 밖의 지나친 행동들은 그의 "명예로운" 가족들에게는 참을 수 없는 일이며 용서되지는 않을 것이다. 1844년 그는 (재판상의) 보좌인의 감독을 받게 되며 자기 몫의 나머지 유산도 회수된다. 얼마 안 되는 연금으로 줄어들어, 이후 가난이 그를 떠나지 않을 것이다. 이제 그는 살기 위해, 살아남기 위해 일을 해야만 한다.

순전히 가정적인 문제에 불과한 이 사건이 사실은 그 후에 계속되는 그의 문학적 생애에 결정적인 중요성을 갖는다. 일하지 않을 수 없게 된 보들레르는, 아직은 시인으로서가 아니라 비평가로서의 재능에 힘입어 실제로 돈을 벌려고 시도할 것이다. 1845년부터 1859년까지 15년 동안 그의 실제적인 직업은 문학비평가·미술비평가로 되리라. 이 두 연대 사이에 그는 여러 〈미술전비평Salons〉(1845, 1846, 1859)과 〈만국박람회〉(1855)를 쓴다. 이것들은 모두 당시의 프랑스 및 유럽의 가장 위대한 예술가들(화가, 음악가…)과 가장 위대한 작가들의 예술·문학 작품에 대한 분석과 성찰의 텍스트다. 자기 동시대인들에 대한 천재 시인의 판단으로서 이 텍스트들이 더없이 귀중한 가치를 보여준다는 점을 넘어서서, 우리는 이러한 비평적 체험이 시인 자신의 창작활동에 미치게 될 근본적인 중요성을 헤아리게 된다. 보들레르 자신의 작업에 있어서 그의 미의식이 그토록 예민했던 것은 무엇보다도 이들 "자양분이 되는" 여러 작품들 덕분이다. 그는 다른 사람들의 작품에 대한 자신의 통찰력의 자질을 연마하면서 자기 자신의 시쓰기에 대한 참으로 예외적인 통찰력을 지니게 되리라. 그는 1845년부터 자신의 문필활동이 남겨주는 여가에 시쓰기를 하고 있는 것이다.

《악의 꽃》이라는 제목으로 그가 이미 오래전부터 힘을 기울이고 있었던 한 권의 시집이 출판되는 것은 1857년이다. 그는 곧 몇몇 시편의 "반도덕성"을 이유로(저자가 이 시집에 맨 처음 선정했던 제목은《레스비엔들》이었음을 잊지 말자) 법정에 끌려 나간다. 같은 해에 또 한 사람의 개혁자가 그 역시 문학 작품에서의 반도덕성을 이유로 고소당하는 것은 우연이 아니다. 귀스타브 플로베르가《보바리 부인》으로! 이 두 작품은 그 "대담한" 내용 때문에 스캔들을 일으키지만 그것들이 가져오는 "혁명"은 다른 곳에 있다. 보들레르는 이 공격으로 한때 낙담했지만, 검열의 요구에 응하고 제2판을 준비·간행한다. 그러나 1860년부터 벌써 알코올과 마약의 과용에 의한 폐해, 거기 덧붙여 질병, 부채의 무거운 짐, 이해받지 못하는 데서 오는 고통이 시인을 침식하기 시작했다. 1864년 보람도 없는 브뤼셀 강연여행 후, 그는 거의 실어증에다 반신마비로 자기 자신의 망령이 되어 파리로 돌아온다. 그는 겨우 마흔여섯 살의 나이로 1867년 8월 31일에 죽는다. 그가 이미 시 속에서 알아채려고, 아니 엿보려고 노력했던 저 "무덤 너머에 위치하는 모든 찬란한 것들"을 만나러 가기 위해. 그가 몇 년 전부터 힘을 기울이고 있었던 《내면일기》와 《소산문시집》은 그의 사후에야 발간될 것이다.

《악의 꽃》의 구조 자체가 이 방자하고 쓰라리고 옹색한 삶의 드라마를 뚜렷이 보여주고 있다. 보들레르는 그가 자기 시집의 시적 공간에 연출한 것이 그의 꿈과 혐오, 환희와 고통과 더불어 바로 그의 전체였음을 결코 감추지 않았다. 그는 쓰고 있다. "이 *잔학한* 책 속에 나는 나의 모든 *심정*, 나의 모든 *애정*, 나의 모든 *종교*(가장된), 나의 모든 *증오*…를 쏟아넣었다." 그러나 그의 정신 속에서 시쓰기는 생활의 우연이나 무의미의 연속밖에 남기지 않았던 바로 거기에 하나의 질서를 재구성하고 하나의 도정을 재구축하는 것이기도 하다. 매우 뚜렷한 계획에 따라 수많은 시들의 구성에 바치는 시인의 정성을 가볍게 넘길 것이 아니다. 그는 1861년 알프레드 드 비니에게 이렇게 써 보냈다. "이 책에 대해 제가 간망하는 단 하나의 찬사는 이 책이 단순한 앨범이 아니라, 처음과 끝을 가지고 있음을 인정받는 것입니다." 따라서 우리는 이 시집의 전체 구조를 일별하여 그 가치를 측정하고 거기에 하나의 "의미"를 감지하도록 시도해 보자. 80편 이상의 작품을 통해 자기 존재의 이중의 기원祈願

을 환기하는 매우 긴 제1부 "우울과 이상"에 이어, 시인은 다음 네 부분에서 필경 뛰어넘을 수 없는 저 내부 분열의 비참함으로부터 구해내 줄 네 가지 유혹을 그린다. 즉 "파리 정경"의 도시, "술", "악의 꽃"이라는 은유적인 의미의 악덕, 그리고 "반역". 그러나 마지막 다섯 번째 유혹만이 완전한 의미를 지니고 있는지도 모른다. 그것은 이 책의 제6부 "죽음"의 유혹이다.

벌써 알 수 있듯이 보들레르의 독창성은 이 시집에서 제1부가 차지하는 중요성과 결부된다. 제1부는 예외적인 감수성이 지니는 갖가지 모순의 선악 이원론적 묘사인 동시에 그 살풀이의 시도이다. 우리가 이미 말했듯이 (그리고 특히 보들레르의 "악마주의"의 의미에 대해 써야 할 것이 많겠지만) 보들레르는 기질에 의해 로망주의자이면서도 인상, 고통, 마음 속의 정열이 "자연스럽게" 자리를 잡게 될 단순한 서정적 언술을 거부한다. 자신의 본성nature과 **자연**Nature을 믿지 않기 때문이다. 믿기는커녕 그에게 있어서 쓴다는 것은, 자신의 심미적 지성의 모든 의지에 의거하여, 자연발생적인 것에 대해 거리를 유지함을 뜻한다. 이 지성은 드라마를 보다 잘 연출하고 보다 잘 제어하기 위해 그 드라마를 체계화할 것이다. 즉 한편에는 우울의 불안과 죄악, 다른 한편에는 이상의 고결하고 우아한 매혹.

우울은 보들레르에게서 삶의 온갖 비탄, 온갖 불안을 묘사하는 데 가장 중요한 낱말이다. 그것은 이미 라마르틴 같은 사람의 무기력한 슬픔도, 그렇다고 뮈세 같은 사람의 "크나큰 고통"도 아니며, 실추한 〈알바트로스〉처럼 세상 사람들의 조롱 한가운데서 살아가지 않을 수 없게 된 시적 천재를 억누르는 저주에 대한 끔찍한 자각이다.

시인도 폭풍을 넘나들고 사수射手를 아랑곳 않는
이 구름 속의 왕자王者와 같다.
지상地上에 유배되어 몰이꾼들의 함성에 둘러싸이면,
그 거대한 날개가 도리어 걸음을 방해만 할 뿐.

우울, 그것은 무엇보다 "권태", 다시 말해서 천재의 모든 재능과 희망을 무화시켜 버리는 일상생활의 가차 없는 범속함에 대한 저 끔찍한 의식이다.

낮고 무거운 하늘이 뚜껑처럼 덮쳐
오랜 권태에 사로잡혀 신음하는 마음을 억누를 때,
그리고 사방의 지평선을 온통 감싸고
밤보다 음침한 검은 햇빛을 우리에게 쏟을 때

(…) **희망**은,

꺾여, 눈물을 흘리고, 잔인포학한 **고민**은,

내 푹 숙인 두개頭蓋 위에 그 검은 기를 꽂는다.

—〈우울〉

보들레르 미학이 어떤 의미에서 자연과 적대하는 미학이라고 말할 수 있다면 그것은 어디서나 자연이 참을 수 없는 광경을 통해 내적으로 깊이 체험된 이 우울의 구체적인 이미지를 시인에게 되돌려 주기 때문이다.

상기해 보오, 내 사랑이여, 그토록 상쾌한 여름 아침,
　우리가 본 그 물건을.
어느 오솔길 모퉁이 자갈 깔린 침대 위에
　더러운 짐승의 송장 하나,

음탕한 계집처럼, 두 다리 허공에 쳐들고,
　뜨겁게 달아올라 독의 땀 흘리며,
태평하고 망측하게 악취 가득한 배때기
　벌려 젖히고 있었지.

—〈썩은 송장〉

그러나 이와 같은 음울한 비탄과 추악한 광경의 한가운데서 이따금 이상의 광명이 나타난다. 이상은 감각, 감정, 몽상된 세계인 동시에 때로는 체현된 몽상이다. 그것은 **미**, **순수**, **미덕**이라는 이름을 가진 순수한 관념과 순진한 동경이 사는 만져볼 수 없는 영역이다. 보들레르는 "아름다운 계절, 행복한 나날, 즐거운 순간"의 세계라고 쓴다. 시인은 또한 이 세계를 다음과 같이 쓰기도 한다.

> 거기선, 모두가 오직 질서와 아름다움,
> 호사, 고요 그리고 일락.

이렇게 해서 이상은 무엇보다도 먼저 영혼의 요구와 육체의 욕망을 동시에 만족시켜 줄 지평 내지 풍경이다. 되찾아야만 하는 〈전생〉의 풍경.

> 나는 오랫동안 광대한 주랑 아래 살았다.
> 바다의 태양이 무수한 불로 물들이는 곳,
> (…)
> 바로 거기서 나는 조용한 일락 속에 살았다,
> 푸른 하늘, 파도, 찬란한 빛 한가운데

향기 온통 몸에 밴, 벌거숭이 노예들에 둘러싸여,

(…)

그러나 독자는 특히 다음과 같이 생각하지 않기를 바란다. 우울과 이상 사이에서 보들레르가 이루어놓은 이 체계화는 서로 반대되는 것들 사이의 무슨 화해를 쉽게 하기 위함이라고. 변증법은 보들레르의 세계가 아니며, 어떤 경우에나 《악의 꽃》의 제1부 전체는 우울의 불안으로부터의 "탈출"과 이상의 환희에의 도달을 말하는 이야기로 읽힐 수는 없으리라. 탈출이 있다 하더라도 그것은 점적點的이고 덧없을 뿐이며, 금방 잊혀지는 시의 행복한 순간에만 낱말들의 마력에 의해 새겨졌을 뿐이다.

연못 위, 골짜기 위,

산, 숲, 구름, 바다 위 높이,

(…)

내 정신이여, 너는 날쌔게 움직여,

(…)

이 병적인 장기瘴氣 벗어나 멀리멀리 날아라.

드높은 하늘의 대기 속으로 네 몸을 씻으러 가라.

그리고 마셔라, 순수하고 거룩한 술처럼,

투명한 공간 가득 채운 저 밝은 불을.

—〈상승〉

보들레르의 드라마는 정확히 말해서 이상이 순간에 속하고 우울이 시간에, 지속에 속한다는 것이다. 순간의 눈부심 다음에 시간의 형벌 속에서 반드시 인간을 노리고 있는 것은 타락이다. 시간은 항상 〈원수〉인 것이다.

—오 괴로움이여! 오 괴로움이여! **시간**은 생명을 먹고,
우리의 심장을 갉는 알지 못할 **원수**는
우리가 잃는 피로 자라며 강성해지누나!

인간의 원수인 시간은 또한 시인의 원수이기도 하다. 시간은 시인에게 해방으로서의 창조가 꼭 필요로 할 충분한 기간을 거부하는 것이다.

이렇게 무거운 짐을 들어올리기엔,
시시포스여, 너의 끈기가 필요하리라!
일할 열의는 가지고 있지만,
예술은 길고 **시간**은 짧다.

—〈불운〉

따라서 몽상된 낙원의 어려운, 아니 불가능하기까지 한 "유지維持"를 앞에 하고 시인이 어떻게 그것을 "인공낙원"(그것이 아무리 다양할지라도)으로 대체하고 싶어지는가를 이해할 수 있다. 여기서 인공낙원이란 시인이 욕망의 공백을 메우고 숙명적인 추락을 피하기 위해 스스로 생각해 내는, 구체적이고 감성적인, 만져볼 수 없거나 심리적인 모든 환각과 모든 인위적 수단을 의미한다고 해두자. 이렇게 해서 온갖 형식의 도취는 인공수단이다. 이를테면 잃어버린 풍경을 재창조한다기보다는 암시하는 향기의 도취.

매혹의 풍토로 그대 내음에 이끌려,
나는 보네, 바다의 풍랑에 아직도 지친
돛과 돛대 가득한 항구를.

그 사이에도 초록빛 타마린드나무의 향기가,
대기 속을 맴돌아 내 코 부풀리며,
내 영혼 속에 수부들의 노래와 뒤섞이네.

—〈이방의 향기〉

몸에 원기를 주면서 마음을 매혹하는 〈파이프〉에서의

담배의 도취.

그의 넋을 얼싸안아 조용히 흔들어주지요,
불타는 내 입에서 피어올라
한들거리는 파란 그물 속에.

지극히 역겨운 현실을 변모시켜 견딜 만한 것으로 만들어줄 수 있는 달콤한 술의 도취.

술은 아무리 누추한 오두막집이라도
　기적 같은 호사로 장식하고,
그 붉은 안개의 황금 속에 수많은 경탄할
　주랑들을 솟아오르게 한다,
마치 흐린 하늘에 저물어가는 태양처럼.

—〈독毒〉

시간의 압제를 깨뜨리고 영혼을 새로운 공간에 접근시키는 또 하나의 마술의 독, 마약의 도취.

아편은 가없는 것을 더욱 확장하고
　무한한 것을 더욱 신장하며,

시간을 깊게 하고, 일락을 파고들며,
　어둡고 침울한 쾌락으로
영혼을 그 용량 이상 가득 채운다.

—〈독〉

감각의 온갖 즐거움도 또한 인공수단이다. 가령 야릇한 강렬함으로 감각을 파고드는, 〈고양이들〉의 자기를 띤 부드러움.

그 풍만한 허리에 마술의 불꽃 가득하고,
황금 조각들이, 가는 모래알처럼,
그 신비한 눈동자에 어렴풋이 별을 박는다.

〈발코니〉에서는 해 질 녘의 나른하고도 마음 놓이게 하는 훈훈함.

활활 나오르는 석탄불로 비추어진 저녁들,
또한 장밋빛 노을에 싸인 발코니의 저녁들.

주변의 대기에 감도는 훈훈함, 그것은 흔히 애인의 젖가슴에 밴 포근하고 풍요로운 습기에까지 퍼진다.

따뜻한 가을날 저녁, 두 눈 감고,
뜨거운 그대 가슴 냄새 맡노라면,
한결같은 불볕 쏟아져 찬란한
행복의 바닷가 눈앞에 펼쳐지네.

—〈이방의 향기〉

결코 도달할 수 없는 잃어버린 나라, 혹은 몽상된 나라를 향한 저 환상의 출발도 역시 인공수단이다.

내 아기, 내 누이여,
생각해 보렴
거기 가있는 즐거움을!
마음껏 사랑하고
사랑하다 죽는다
너를 닮은 그 나라에서!

—〈여행에의 초대〉

마지막 유혹, 다른 모든 인공수단들의 도달점이 되는 최후의 인공수단은 바로 죽음의 그것이다. 죽음은 모든 말의 지평이며, 마지막 여행이며, 그리고 모든 희망과 모든 절망이 엿보여진 영원성의 환희 속에 융합하게 될 이상의 여행인 것이다.

> 오 **죽음**아, 늙은 선장아, 때는 왔다! 닻을 올리자!
> (…)
> 우리에게 네 독을 부어 기운을 북돋아 주렴!
> 그토록 이 불꽃 우리 뇌수를 태우니,
> **지옥**이건 **천국**이건 무슨 상관, 심연 밑바닥에 뛰어들고
> [싶다,
> **미지**의 밑바닥 *새로운 것*을 찾기 위해!
>
> —〈여행〉

《악의 꽃》의 제2부에서 제6부까지의 순서를 보면 거기서도 또한 엄밀한 도정의 관념을 알 수 있을 것이다. 그러나, 우리가 제시해 온 인공낙원의 시도들은 우울-이상이라는 짝의 경우와 마찬가지로 논리적인 혹은 변증법적인 사상에 의거하는 것은 아니다. 개개의 시도는 단일한 시 작품의 직접성과 닫힌 공간 속에서만 그 의미를 찾는다. 우울의 거부와 이상의 탐구는 이 언어의 마법사의 제자가 해내는 수많은 기적과 마찬가지로 그 연속성에서 이해되는 것이 아니라, 이 시집의 모든 수준에 있어서 그 다양성과 공존에서 이해되는 것이다.

우울과 이상, 악덕과 미덕, 악마주의와 신비주의, 독신과 명상, 육체와 쾌락의 여자 혹은 마음과 관상觀想의 여자, 잔 뒤발 혹은 사바티에 부인, 더러운 파리와 향기로운 섬들, 일상생활의 범속함과 높이 찬양되는 죽음, 이 모든 모순들을《악의 꽃》의 시는 끝내 해결하지 못한다. 그것은 오로지《악의 꽃》의 시가 언어의 의해 끊임없이 활기를 띠게 되는 그들 모순의 순환적 영속성을 자양분으로 삼고 있기 때문이다. 이 언어의 열렬함은 훨씬 더 본질적인 또 하나의 고행과 또 하나의 해방의 길을 의미한다.

그러나, 보들레르의 시 작품은 그 형식과 언어의 면에서는 언뜻 보아 전혀 혁명적인 것 같지 않다. 이 분열된 감수성의 격렬함에 비해 표현의 수단은 매우 얌전하고, 게다가 매우 "고전적"으로 보인다. 이점에서는 보들레르가 고티에 및 파르나스파 시인들과 가졌던 접촉이 이 형식상의 얌전함에 끼친 영향을 의심할 수 없다. 사실 이 시인이 사용하는 전통적인 구형句型(8음절시구, 10음절시구, 그리고 특히 12음절시구)만큼 고전적인 것은 없다. 비록 그것이 때로는 이 구형들을 고의적인 산문 투의 함정에 빠트리기 위함이라 할지라도 말이다. 또한, 소네트라고 하는 그가 자주 사용한 낡은 시 형식만큼 고전적인 것은 없다. 마찬가지로 〈저녁의 해조諧調〉처럼 겉으로는 독창적인 구조로 보이는 시도《동방시집》에서 위고가 선보였던 "팡툼"[4행으로 된 각 시절詩節의 제 2, 4행 시구가 다음 시절의 제1, 3행 시구에서 되풀이되는 정형시의 하나]의 훌륭하긴 하나 충실한 모방에 불과함이 분명하다. 그러나 이렇게 말할 사람도 있을 것이다. 이 엄격한 시구의 기술자는 그래도 역시 산문시와 상징적 표현에 관해서는 혁신자가 아닐까? 이점에서도 보들레르의 창의는 가끔 이야기되는 것만큼 개인적인 것은 아니다. 산문으로 된 시 작품(다만 보들레르는 그 제목으로《소산문시집》보다는《파리의 우울》을 원했을 것이다)에 관해서도, 로망파의 시대부터 보들레르에게는 적어도 두 사람의 매우 존경할 만한 선배가 있었음을 말해두자. 우선 알로이시위스 베르트랑[1807-1841], 그중 유명한《밤의 가스파르》의 저자이다. 그리고 특히 모리스 드 게랭[1810-1839], 시적 음악적 산문의 진정한 거장이다(《마큐스의 여제관》과《켄타우로스》참조).《파리의 우울》의 저자에게 미친 전자의 영향은 명백하다. 그리고 보들레르가 "우리들 중 그 누가 야심에 불타는 나날, 리듬도 각운도 없이 음악적이며, 영혼에 서정적인 움직임, 몽상의 파동, 의식의 갑작스런 소스라침에 꼭 들어맞을 만큼 충분히 유연하고 동시에 충분히 거친 시적 산문의 기적을 꿈꾸지 않았겠습니까?"라고 쓸 때, 그는 아직 산문을 감동의 표현을 위한 다른 여러 수단 중의 하나로, 어떤 "상황"에서는 보다 나은 수단의 하나로 간주하고 있을 뿐이다. 어떠한 경우에도 그는, 후에 랭보가 가령 《일뤼미나시옹》에서 하듯, 산문이 새로운 시적 공간을 열 수 있으며, 따라서 이제까지 운문시에서 감지할 수 있었던 감동이나 현실과는 또 다른 감동이나 현실을 "창조"해 낼 수 있다고는 생각하지 않는다. 마찬가지로 그의 시적 상징의 사용도 그 자체로는 독창성의 증명이 아니다. 예를 들어 그가 〈알바트로스〉 같은 시에서 사용하는 시적 상징도 그 10년 전에 《운명》의 비니가 사용했던 그것과 근본적으로는 다름이 없는 것이다.

아니, 《악의 꽃》의 저자의 독창성은 단연코 다른 곳에, **상상력**의 새로운 실행과 모든 시적 이미지 체계의 이것 또한 새로운 실천에 있다. 그의 인간으로서의 지성은 자신의 인간성nature humaine의 찢기는 듯한 고통 속에서도 **자연**Nature의 역겹거나 허망한 광경 속에서도, 어디서나 "가차 없는 악마들"의 자취를 그에게 보이게 하므로, 그는 고통을 덜고 살풀이를 하는 수단을 바로 시인으로서의 자신의 상상력에서 구하려 하는 것이다.

물론 여기서 보들레르의 미학과 시법의 본질적인 열쇠인 〈조응〉의 이론에 대해 말해야 한다. 그에게 있어서 **미**—이것은 또한 구원이다—는 자연이나 현실의 차원에 속하는 것이 아니라, 항상 외관의 뒤에 있으며, 항상 지칠 줄 모르는 작업의 대가로 획득해야 하는 것이다.

더없이 자랑스러운 기념상에서 빌린 듯,
당당한 내 자태를 앞에 두고, 시인들은,
준엄한 연찬으로 그들의 평생을 소진하고 말리.

나, 이 유순한 애인들을 옴쭉도 못 하도록,
만물을 더욱 아름답게 만드는 맑은 거울을 가졌기에.
그것은 내 눈, 영원한 빛을 지닌 내 커다란 눈!

—〈미〉

시인은 이제 거울의 해독자가 될 것이며, 분명치 않은 길을 헤매 다니면서 "기념상"의 정면 뒤에 숨어있는 것을 찾는 자가 될 것이다. 그 분명치 않은 길은 항상 불만스런 자연현실로부터 시적 이미지의 완전히 만족스런 초현실로 통하고 있는 것이다. 그러기 위해서 시인은 현실이 그에게 제시하는 것을 모두 그 자체가 목적으로 될 사물이나 인간으로서가 아니라, 하나의 절대, 하나의 초월성의 "상징"으로 보려고 한다. "상징"은 이 절대나 초월성을 가림과 동시에 계시하기도 하는 것이다. 이렇게 해서 시인은 현실의 암호를 풀고 현실로 하여금 그 현실이 내포하고 있는 본질적인 말, 시인만이 그 뜻을 알고 있는 말을 발언하게 한다. 그는 현실의 표면상의 무의미로부터, **자연**이 알아들을 줄 아는 자를 위해 중얼거리는 난해하고 "알 수 없는" 말, 그러나 매우 깊은 뜻을 지닌 말을 태어나게 할 것이다.

> **자연**은 하나의 신전, 그 살아있는 기둥들은
> 이따금 알 수 없는 말들을 새어 보낸다.
> 그곳을 가는 인간은 상징의 숲을 가로지르고
> 숲은 낯익은 눈길로 그를 지켜본다.
>
> —〈조응〉

이렇게 해서 보들레르에게서 전적이고 완전한 시는 "보편적 유사성universelle analogie"의 전적이고 결함 없는 번역을 뜻하게 될 것이다. 이 "보편적 유사성"이《악의 꽃》에서 완전히 실현되어 있는 것은 전혀 아니라 하더라도, 시인이 감각의 수준에서만은 그의 감관이 그에게 전달한 것을 최대한으로 활용하여, 인간 존재의 저 내심의 깊이와 육체의 깊이 속에서 맺어지는 모든 미묘한 조화와 협력을 암시한 것은 사실이다. 여러 "조응들" 가운데 우선 나타나는, 거의 육체적인 이 측면은 공감각 synesthésies이라는 정신생리학적 이론에 완전히 합치한다. 이 이론에 의하면 "향기, 색채 그리고 소리는 서로 화답"하며, 이렇게 해서 무한과 절대가 뿌리박는 곳인 감정 · 감각 · 관능의 복잡한 그물을 만들어내는 것이다.

어린애 살처럼 싱싱한,
오보에처럼 부드러운, 초원처럼 푸른 향기가 있다.
—그리고 또, 썩은, 풍성하고 양양한 향기가 있어,

무한한 것들이 퍼져가듯,
용연향, 사향, 안식향, 훈향처럼,
정신과 감각의 열광을 노래한다.

—〈조응〉

시쓰기에서 말의 마술을 통해 추구된 바로 이 감각의 마술 속에 보들레르의 천재의 모든 것, 성공의 모든 것이 있다. 그는 이 느껴지고 체험된 매혹, 이어 노래 혹은 주문呪文에 의해 연장된 이 매혹의 **자아**와 세계의 모순을, 또는 그 개인만의 내적 분열을 지양하는 유일한 방법을 발견한 것이다. 이 성공은 무엇보다도 언어가 갖는 가장 깊은 것, 즉 암시·변용·통합의 힘에 의한 언어의 성공이다. 미는 사물 가운데는 어디에도 없지만, 시적 언어의 낱말들과 이미지들 가운데는 어디에나 있다. 그것들은 그 미묘한 배열과 그 "의미"보다 더욱더 깊은 뜻을 지닌 멜로디를 통해서 미를 드러내고, 이성의 논의나 심정의 정열만으로는 미에 도달할 수 없었던 "유형지"에서 미를 빼앗는 것이다. 그러나 보들레르가 스스로 산문의 훌륭한 한 페이지에서 한 것처럼 이 시의 기적을 그보다도 잘 설명할 수 있는 사람은 아무도 없었다. "바로 **미**에 대한 이 경탄할, 이 불멸의 본능이야말로 우리로 하여금 지상과 그 광경들을 **하늘**에 대한 일별, **하늘**의 조응물로 여기게 하는 것이다. 피안에 있는, 그리고 삶이 계시하는 모든 것에의 끝없는 갈망은 우리의 불멸성에 대한 가장 생생한 증거다. 영혼이 무덤 너머에 위치하는 모든 찬란한 것들을 엿보는 것은 시에 의해서, 동시에 시를 *통해서*이며, 음악에 의해서, 동시에 음악을 *통해서*이다. 그리고 한 편의 절묘한 시가 눈가에 눈물을 자아낼 때, 그 눈물은 과도한 향락의 증거가 아니라, 차라리 초조해하는 우수憂愁를, 신경의 청원請願을, 불완전한 것 속에 유형되고도 바로 이 지상에서 하나의 계시된 천국을 곧바로 차지하려는 천성을 증명하는 것이다. 이렇게 해서 시의 원리는 엄밀히 그리고 단순히 보다 높은 미를 향하는 인간의 동경이며, 이 원리의 발현은 영혼의 열광, 흥분에 있다, —심정의 도취인 정열로부터도 이성의 양식인 진리로부터도 완전히 독립된 열광에."

이렇게 해서 보들레르의 경우 그의 시적 언술의 모든 이미지, 모든 시퀀스는, 그것이 아무리 하찮고 간소할지라도 진정으로 은유이며, 표시되어 있는 현실—그것이 아무리 비루할지라도—속에 암암리에 포함된 이상적인 다른 곳, 그러나 말의 힘에 의해서만 "해방되는" 이상적인 다른 곳의 징조이다. 보들레르는 우리 프랑스 시의 역사상 최초로 진정한 언어의 "연금술"을 실천함으로써 시적 현대성의 시대를 연다. 그는 이미 자기 작품[《악의 꽃》 재판]을 위한 〈에필로그〉 초고에서 자신의 성공에 대해 증인이 되어줄 것을 우리에게 요청하고 있었다[그러나 아래 시구에서 "그대들"은 직접적으로는 "천사들Anges"을, "너"는 파리를 가리킨다].

오 그대들이여! 완벽한 화학자처럼 또 거룩한 영혼처럼

내가 스스로의 의무를 다했다는 증인이 되어다오.
나는 사물 하나하나에서 그 정수를 추출했기에,
너는 내게 네 진흙을 주었으나 나는 그것으로 황금을 만[들었기에.

바로 이점에서 샤토브리앙의 열렬한 독자이며 위대한 말레르브의 찬미자인 그가, 그럼에도 불구하고 스스로도 역시 하나의 완전히 다른 시의 시대를 성취하고 있는 것이다. 보들레르 이후 시는 이미 고전파의 경우처럼 이성의 확신을 나타내기 위한 표현수단으로만, 혹은 로망파의 경우처럼 감동과 "심정의 간헐"을 나타내기 위한 심정토로의 공간으로만 사용되지는 않을 것이다. 그는 어느 날 〈상승〉하여, 시인이

삶 위를 높이 날며, 꽃들과 말 없는 것들의
말을 쉽사리 알아듣는

해방된 인간임을 선언했다.

그의 정신적 계승자들, 로트레아몽, 랭보, 베를렌, 말라르메, 그 밖에 상징파 작가들 그리고 나중에 초현실주의자들은 바로 이 말을 그들 나름의 방식으로 다시 되풀

이할 것이다. 그들 역시 시적 언어를 단순한 수단이나 그 자체로서의 목적으로 보기를 그치고, 그것을 **자아**와 세계의 제 현실의 눈에 보이는, 혹은 감춰진 영역에 대한 항상 새로워지는 이해의 열쇠로 인정할 것이다.

1860년대부터 20세기 초에 이르기까지 보들레르의 시적 계승자들은 사실상 이중의 양상을 띠었다. 한편에서는 몇몇 시인들이《악의 꽃》의 저자가 "새로운 것"과 "미지의 것"의 기슭에 멈춰 완성하지 못했던 도정을 계속 따라가며, 언어가 자아내고 동시에 해명하기도 하는 저 신비롭고 불안에 빠뜨리는 공간을 그때마다 조금씩 더 깊이 탐험했다. 이렇게 해서 로트레아몽은《말도로르의 노래》에서, 아르튀르 랭보는《일뤼미나시옹》에서 더욱더 극단적인 체험의 길을 연 것이며, 이들 체험은 20세기 초 초현실주의자들의 그것이 될 것이다. 반면 다른 몇몇 시인들은 보들레르의 작품으로부터 특히 언어의 제어와 상징적 표현에 관한 교훈을 이어받았다. 이렇게 해서 각기 다른 형태 아래, 폴 베를렌, 스테판 말라르메, 그리고 세기말에 "상징파"·"데카당파"로 불리게 될 사람들은, 비록 그들 모두가 언어 그 자체의 본질에 대해 동일한 생각을 가지고 있는 것은 아닐지라도 모두가 사물의 본질에 대한 인식에 접근하는 유일의 수단으로 여기는 시적 언어를 연마하게 되는 것이다. 이제 우리가 검토하려 하는 것은 한편에서는 시를 살아있는 체험으로, 또 한편에서는 차라리 언어에 대한 실험으로 삼는 이 이중의 시적 기도이다.

I. 로트레아몽(1846-1870)
시적 잔혹성과 시적 착란

이 이지도르 뒤카스의 생애와 이력에 관해서는 별로 알려진 것이 없다. 그는 1846년 몬테비데오에서 프랑스인을 부모로 태어나, 프랑스 남서부와 파리에서 공부를 한 다음, 1868년 로트레아몽 백작이라는 가명으로《말도로르의 노래》라는 제목을 붙인 시적 산문의 원고를 라크루아 출판사에 맡긴다. 그러나 원고는 너무나 "터무니없는" 것이기 때문에 라크루아는 그 출판을 단념할 것이다. 로트레아몽, 본명 이지도르 뒤카스의 천재성이 전적으로 밝혀지는 것을 보기 위해서는 1920년대와 초현실주의의 시대를 기다려야만 하리라. 이 시기 앙드레 브르통은 이렇게 쓴다.

> 현재의 시적 상황에 대한 책임은 그 가장 큰 부분이 아마 이 사람에게 돌아갈 것이다.

오늘날 아직도 이 작품은 접근하기가 어렵다. 그만큼 갖가지로 채색되어 사람을 당황케 하는 요소들을 지니고 있는 것이다. 시인이 스스로 하고 있는 소개의 말에 그친다면 《말도로르의 노래》는 어떤 로망파 작품들의 전통에 따른 **악**에 대한 시라고 할 수 있으리라. **악**에 대한 시, **인간**에의 저주, **신**에의 저주, 바로 이렇게 이 작품의 시적 의도가 그 두 번째 노래에서 밝혀진다.

> 나의 시는, 온갖 수단을 다해, 인간을, 이 야수를, 그리고 이따위 기생충을 낳지 말았어야 할 **창조주**를, 오직 공격하는 데 있으리라. 내 생애가 끝날 때까지, 책들이 쌓이고 쌓이겠지만, 거기서 보게 될 것은 항상 내 의식에 있는, 이 단 하나의 생각뿐이리라!

이런 의미에서 이 시의 여섯 노래의 주인공 말도로르는 "죄 없는" 인류의 상징적인 모습으로 나타난다고 할 수 있을지도 모른다. 그는 자기 안에 살고 있는 **악**과 **악덕**의 숙명을 가차 없이 명석하게 조금씩 발견해 가는 것이다.

> 말도로르는 어린 시절 착했으며, 행복하게 살았다. 그것은 끝난 일이다. 그 뒤 그는 자기가 악하게 태어났음을 깨달았다. 이상야릇한 숙명!

일단 모든 환상이 사라지고, 비통한 절망을 체험한 다음, 말도로르는 그때 반역과 악의 길에 빠져든다. 천 가지 별의별 모습으로 화신하는 사탄이 된 그는 악착같이 악mal의 씨를 뿌리고, 마찬가지로 자기 자신에게도 해악mal을 저지르며 온 지구를 돌아다니기 시작한다. 그는 외친다.

> 이 나는, 잔혹함의 더없는 쾌락을 그리기 위해 내 천재를 봉사시킨다! 일시적인 것도, 인공적인 것도 아닌 쾌락, 그러나, 인간과 함께 시작되었고 인간과 함께 끝날 쾌락.

그러나 이 작품의 주인공을 오직 그 창작자의 비탄과

고뇌의 상징으로, 혹은 기껏해야 인간의 비참과 고민에 대한 보다 포괄적인 이미지로 환원해 버리게 될 그러한 작품 해석은, 이 작품의 창작과정과 구조의 전체에서 볼 때 매우 불충분한 것임이 명백해진다. 확실히 격화된 로망주의적 성격을 지닌 이 작품은 실제로 또 작품 그 자체에 대해 한없이 계속되는 아이러니의 성격을 띠기도 하며, 그것이 시이긴 하지만 또한 시의 갖가지 형식에 대한 끊임없는 이의 제기, 끊임없는 패러디이기도 하다. 로트레아몽의 시는 요한의 《계시록》이나 보들레르의 《악의 꽃》처럼 다양하고 서로 거리가 먼 텍스트들에서 그 착상을 얻으면서, 무엇보다 우선 미치광이 같은 모작으로 짜인 현란한 직물이다. 거기서는 호메로스도 빅토르 위고도 함께 발견될 것이며, 마치 책과 문학의 전 우주가 단 한 작가의 상상력으로 이루어진 풍성하고도 무시무시한 잔치에 초대받은 듯하다. 이 작가는 온갖 작품을 탐식하고 표절하여 마침내 그 자신이 모델도 없고 흉내 낼 수도 없는 하나의 작품을 낳는 것이다.

로트레아몽의 천재는 바로 순수한 패러디와 창작(케케묵은 기교와 일찍이 없었던 새로운 이미지로 이루어진)의 놀랍고도 "폭발성을 지닌" 혼합에 있다. 주제와 주인공의 드라마는 마침내 잊히고 작품의 닫힌 공간 속에서 언어와 상상력의 작용만이 점점 커져가며, 그 언어와 상상력은 사실상 작품의 공간을 폭발시키게 되는 것이다. 이 텍스트에서 중요한 것은 낙지·독수리·상어·검은 독거미 등 불길한 동물도상집의 온갖 형태를 번갈아 취하는 말도로르의 엄청난 변신의 연속이라기보다는, 그에 못지않게 많은 의외롭고 서로 모순되는 이미지로 자재롭게 변신하는 시적 언어 자체의 놀라운 능력이다.

> 그는 맹금들의 발톱의 수축성처럼 아름답다. 혹은 또, 후두부의 부드러운 부분에 난 상처 속의 불확실한 근육 운동처럼 아름답다. 혹은 차라리, 저 영원한 쥐덫, 동물이 잡힐 때마다 언제나 다시 놓여지고, 그것 하나만으로 설치류들을 수없이 잡을 수 있으며, 지푸라기 밑에 숨겨져 있어서도 제 기능을 다하는 저 쥐덫처럼 아름답다. 그리고 특히, 해부대 위에서의 재봉틀과 우산의 우연한 만남처럼 아름답다!

알레고리, 비유, 은유, 모두가 로트레아몽에게는 주인공의 변신을 표현하는 데 소용되지만, 또한 모두가 사람을 당황케 하는 에네르기로 끊임없이 스스로 자신을 발명하고 재발명하는 언이 전체의 변신에 협력하고 있다.

로트레아몽의 시적 산문은 어느 곳에서는 필경 진실하고 어느 곳에서는 고의적으로 날조되고 속임수를 쓰고 있지만, 무엇보다 우선 말 자체에 맡겨진 말의 모험인 것이며, 때로는 한 지성의 드라마와 한 상상력의 착란을 이야기하고, 때로는 구조와 조합을 구축한다. 이 구조와 조합 역시 미치광이 같은 것이며 말의 진정한 미궁의 "덫에 잡혀" 있는 것이다. 이에 대해서는 모리스 블랑쇼가 매우 적절하게 말한 바 있다.

> 언어가 새로운 현기증에 끌려드는 것도 바로 이 순간이다. 언어가 그렇게 되고자 노력하는 미궁, 낱말들의 장엄하고 끝없는 발걸음, 갈수록 더 완만해지는 통사법이 잠 속을 헤매는 듯한 바로 그 순간에 반대로 더욱더 빠른 박자로 잇달아 나타나는 이미지들. 그러므로 우리는 더 이상 그 이미지들을 끝까지 체험할 시간을 갖지 못하고 미완성인 채로 남겨두며, 그 이미지들 속에 그것들이 의미하는 것보다는 그것들의 움직임만을 알아보게 되는 것이다. 어떤 이미지들이 다른 이미지들로 변해가는 끊임없는 이 이행, 언술의 강력한 일관성과 어떤 은밀한 공모에 의해 항상 연결되어 있기는 하나 그 이미

지들이 서로 다르면 다를수록 더 격렬해지는 이행 말이다. 논리로 하여금 착란을 위해 봉사케 하고 말을 그 의미에서 약간 벗어나게 하려는 이러한 무질서, 이러한 질서, 이러한 노력은 어떤 변모가 닥쳐오고 있음을 가리킨다. 이 변모 이후 언어는 스스로 또 하나의 다른 삶 속에 들어가 있으리라.

이렇게 해서 후일 앙드레 브르통과 그의 친구들이 《말도로르의 노래》의 저자에게서 초현실주의 시의 가장 대담하고 가장 위엄 있는 선구자의 하나를 보게 되었다고 해서 하등 놀라운 일이 아니다. 사실 사드 후작[1740-1814]의 작품을 제외한다면 아마도 최초로 시적 언어가 무의식과 상상적인 것의 온갖 힘을 부끄러움도 허식도 없이, 명철하면서도 격렬하게 해방하고 표현하기 위해 사용된 것이다. 다음에 올 "자동 기술"의 신봉자들은 금기와 관습의 저 너머로, 선과 악의 저 너머로 언어를 가져가기 위한 이 최초의 시도를 상기想起하게 되리라.

II. 랭보(1854-1891)
지옥의 언어연금술

아르튀르 랭보의 시 작품은 로트레아몽의 그것보다 덜 격렬하지만 눈부시고 극단적인 점에서는 다를 바 없다. 랭보는 우선 뛰어난 지능을 타고난 천재 소년 시인으로, 그의 수사 학급 담임 선생 조르주 이장바르의 열렬한 격려를 받는다. 압제적이고 충동적인 어머니의 심한 요구로부터 달아나고, 샤를빌에서 매일 반복되는 생활의 범속함을 벗어나기 위해 이 어린 소년은 실제로 자신의 모든 열의를 시쓰기에 쏟아, 시쓰기를 자신의 쓰라림의 "배출구"로 삼는다.

> 볼품없는 잔디밭으로 잘린 광장,
> 나무들도 꽃들도, 모두가 규칙 바른 소공원에,
> 더위로 목이 졸려 헐떡거리는 부르주아들이 모두
> 목요일 저녁이면 시샘 많은 어리석음을 안고 모여든다.
>
> —〈음악에 맞추어〉

〈오필리아〉, 〈나의 방랑〉 등 청춘의 시편들은 라마르틴이나 위고와 같은 로망파, 방빌, 르콩트 드 릴, 또는 코페와 같은 파르나스파에게 힘입은 것이다. 사실 이 젊은 이는 그들을 읽음으로써 시에 대한 어떤 관념을 갖기 시작한다. 그리고 그의 청춘기의 첫 야망은 파르나스파 그룹에 받아들여진다는 것이다!

그러나 이 시기에 벌써 몇몇 텍스트들—특히 1870년 8월부터 쓰기 시작하는 텍스트들—은 단순한 모방을 훨씬 넘어서고 있다. 특히 여기서는 일상생활의 범속함에 대한 거부가 보다 격렬하고 보다 진지하고 보다 성숙한 반항으로 바뀌고 있다. 〈골짜기에 잠든 자〉에서 그가 규탄하는 것은 전쟁의 부조리이며, 〈놀란 아이들〉에서 고발하는 것은 빈곤과 사회의 부정이며, 〈첫 성체배령〉에서 그가 힘차게 공격하고 있는 것은 종교다. 그리고 무엇보다도, 이 시기부터 다른 텍스트들은 언뜻 "순진"하게 보이지만, 후일 그에게 있어서 시적 언어의 모든 힘이 어떤 것으로 될 것인가를 짐작케 해준다. 〈감각〉은 벌써 모험과 도취와 무한의 향기를 풍기고 있다.

> 여름날 푸른 저녁이면, 나는 오솔길을 가리라,
> (…)
> 말하지도 않으리, 아무 생각도 하지 않으리.
> 그러나 끝없는 사랑이 내 영혼 속에 차오르리라.

그리고 나는 가리라 멀리, 아주 멀리, 집시처럼,

자연 속을, ―여자와 함께인 듯 행복하게.

그리고 〈니나의 대답〉에는 관능에 눈뜬 젊은이의 모든 대담함이, 그러나 또한 미래의 언어 마술사, 채색 효과에 뛰어난 화가, 세련된 음악가의 대담함이 있다.

나는 네게 말하리, 네 입 속에.

    나는 가리,

여자 아이 잠재우듯, 네 몸을 껴안으며,

    장밋빛 어린

네 하얀 피부 아래 흐르는

    파란 피에 취해

(…)

제정帝政과 그 사회의 몰락, 전쟁과 파리 코뮌 진압의 잔학 행위, 1870년의 패배와 그 결과는 조금씩 그의 내부에서 반항을 혐오로 변화시키고, 그로 하여금 자기가 살고 있는 세계의 결함이나 추악함을 헛되이 규탄하기보다는 차라리 "새로운" 세계를 탐구할 생각을 일으

키게 한다. 보들레르는 "미지"에 이르는 길로 인도해 주었는지도 모를 길목을 넘어서지 않았다. 랭보는《악의 꽃》의 저자가 멈춰버린 그 경계선으로부터 다시 출발하기로 작정한다. 1871년 그해, 흥미로운 문학적 교류를 맺을 수 있으리라 기대하며 파리로 올라가기 전에, 그는 스물다섯 개의 4행시구로 된 당당하고 다채로운, 아직 그의 독서와 어린 날의 추억이 흠뻑 스며든 시,〈취한 배〉에 자신의 대담한 욕구와 꿈의 모든 것을 맡긴다. 이 텍스트—시인은 여기서 완전히 제멋대로 풀려나 더없이 광적인 방황이 예고된 한 척의 배와 자기 자신을 동일시하고 있다—는 랭보의 시적 체험이 앞으로 내내 어떤 것이 되는가를 시사해 준다. 범속한 현실세계에 단호히 등을 돌리고 다른 공간에 눈뜨는 자를 이미 아무런 속박도 아무런 두려움도 내리누르지 않은 그 순간, 바로 자유의 행복감 속에서 시가 시작된다.

초연한 강을 내려갈 때,
나는 이미 배 끄는 자들의 인도를 느끼지 못했다.
(…)
나는 선원들 따위야 아랑곳하지 않았다.
(…)

폭풍이 내 해상의 깨어남을 축복해 주었다.
바다의 희생자들을 영원히 굴린다는 파도 위에서
코르크 마개보다 더 가볍게 나는 춤을 추었다.
열흘 밤을, 항구의 등불 그 어리석은 눈동자를 아쉬워하
[지도 않으며!

이 행복한 자유감은 이제부터 다름 아닌 시적 현실이 지성과 인식에 시각과 상상력에, 꿈과 몽상에 영구토록 만족을 준다고 생각하는 자(사람이건 배건)의 열광적인 도취로 연장된다.

이때부터 나는, 별이 쏟아져, 젖빛으로 빛나는
바다의 시 속에 몸을 담갔다,
(…)
나는 안다, 번개로 찢어지는 하늘을, 바다회오리를
(…)
나는 보았다, 신비로운 공포로 얼룩진, 낮은 태양을,
(…)
나는 꿈꾸었다. 바다의 눈으로 서서히 올라오는 입맞춤,
눈부시게 눈 내리는 초록의 밤을,
전대미문의 정기의 순환을,

노래하는 인광들의 노란 그리고 푸른 눈뜸을!

그러나 새로운 세계는 부서지기 쉽다. 시적 몽상의 덧없는 현혹과 비전은 시간과 함께 사라지며, 전적이고 분방한 자유는 그 자체의 취약함으로 인해 소멸된다.

그러나, 정말이지, 나는 너무 울었다! **새벽**은 가슴을 엔다.
달은 모두 잔혹하고 태양은 모두 쓰라리다.
(…)

그렇다면 음울한 일상생활로, "유럽의 검고 차가운 숲속의 늪"으로의 굴욕스런 귀향을 받아들여야 할 것이다. 아니면 결정적인 파멸을, 바닷속 깊은 곳으로 돌이킬 수 없이 삼켜짐을 받아들여야 할 것인가.

오 용골龍骨이여 부서져라! 오 내 바닷속에 잠기리!

랭보는 이 최초의 시적 항해 끝에 환상에 깨어나, 의기소침하여 결단을 내리지 못한다. 그러나 적어도 한 가지만은—마지막에 오는 좌절에도 불구하고—이 체험에서 가장 중요한 것으로 남으리라. 즉 이제부터 줄곧 시인이 갖는 의식, 그의 떨칠 길 없는 욕구인 미래의 모든 시적 창조가 어떤 대가를 치르고라도 그 기초를 필경이 전대미문의 "환경전환" 속에, 한 순간 엿보았던 이들 새로운 미 속에 두어야 한다는 의식이다.

나는 보았다, 항성의 군도를! 또한 항해자에게
착란의 하늘을 열어주는 섬들을.
—바로 이들 밑 없는 밤 속에 너는 잠을 자고 숨어있는가,
백만 마리 황금의 새들, 오 미래의 **생기**여?—

이 의미에서 〈취한 배〉의 에크리튀르는 랭보의 생애에 하나의 분명한 단절을 나타난다. 시적 언어의 생기와 함께 그 한계를 체험한 랭보는 언어를 바꾸기 위해 삶을 바꾸기로 결심하게 된다. 언어만으로는 생활을 바꿀 수 없기 때문이다. 게다가 파리가 그를 기다리고 있다. 베를렌도 그에게 써 보낸다. "당신이 오기를 바라고 있소, 당신을 기다리고 있소." 1871년 5월, 시인은 그래서 진정한 실존적·시적 혁명을 시도하여, 향후 2년간 계속될 이 혁명은 그가 자기 선생 조르주 이장바르나 친구 폴 드므니에게 잇달아 써 보낸 유명한 편지들에 그 흔적이 남아있다. 그 혁명의 가장 중요한 양상은 스스로를 "투

시자voyant"로 만드는 것, 모든 수단, 모든 의도적 정신착란("나는 하나의 타자이다")에 의해서, 새로운 시를 낳게 될 저 미지의 상태에 도달하는 것이다. 5월 13일, 그는 이장바르에게 이렇게 쓴다.

> 지금 저는 스스로 갖은 방탕을 다하고 있습니다. 왜냐고요? 저는 시인이 되고 싶으며, 그리고 *투시자*가 되려고 노력하고 있는 것입니다. (…) 문제는 *모든 감각*의 착란을 통해 미지에 도달하는 것입니다.

이튿날 그는 폴 드므니에게 보낸 편지에서, 열정과 대담함에 찬 당당한 글로, 도달해야 할 목표와 이에 걸맞는 수단을 명확히 밝힌다.

> 문제는 괴물스런 영혼을 만들어낸다는 것입니다. (…) 내 이야기는 *투시자*이어야 한다는 것입니다. […] **시인**은 *모든 감각*의 길고 엄정나고 이치에 맞는 *착란*을 통해 *투시자*가 되는 것입니다. 온갖 형식의 사랑, 고통, 광기. 그는 스스로를 찾고, 자기 자신 속의 모든 독毒을 다 써서 그 정수만을 간직하는 것입니다. (…) 그는 미지에 도달하고, 그리고 미지다시의 되어, 마침내 내 자신의 비

> 전에 대한 이해력을 잃어버리게 될 때, 비로소 그는 그들 비전을 본 것입니다.

그리고 실제로 두 해 동안 그는 온갖 찬란과 온갖 방탕에 열중하게 된다. 베를렌과의 불행한 동성애, 압생트주의 과음, 아편과 해시시의 흡연…

이 모든 "이루 말할 수 없는 고통"은 "또 하나의" 삶을 만들어낸다는 것 외에 다른 목적이 없다. "또 하나의"삶은 **시인-프로메테우스**에 대해 이 새로운 상태의 모든 현실과 모든 모험을 나타낼 수 있는 언어를 강력히 요구하게 될 것이다.

> 그러므로 시인은 진정 불을 훔치는 자입니다. (…) 그가 *저 세계*에서 가져오는 것에 형태가 있으면 그는 형태를 주고, 그것이 무형이면 무형을 주는 것입니다. 하나의 언어를 발견할 것. (…) 이 언어는 영혼일 것이며, 모든 것을, 향기, 소리, 색채를 요약하며, 사고를 걸어 잡아당기는 사고일 것입니다.

그런데 역설적이지만 이 "지옥"의 두 해 동안 그가 쓰는 시 작품들은 그것들을 낳는 실제의 체험만큼 과격한 것이 아니다. 대담하고 이론적인—그리고 진정한 미래를 갖지 못한—소네트 〈모음〉을 제외하면, 이 시기의 창작에서 기억에 남는 것은 근본적으로 새롭다기보다는 야릇한 텍스트들(〈눈물〉, 〈카시스의 강〉, 〈갈증의 희극〉)이다. 여기서는 갖가지 형식 아래 순간의 "도취"가 비쳐 보인다. 그리고 또한 노래들chansons(〈인내의 축제〉, 〈기아의 축제〉)이다. 여기서는 관습적인, 그러나 고의로 "올가미를 놓고" 위조된 형식 아래, 그는 자기 자신의 착란의 때로는 쾌활하고 때로는 슬픈 전설 하나를 고스란히 꾸며내고 있다. 6연의 짧은 4행시 〈영원〉이 나타내는 것은 이러한 모험의 아마도 지고한 순간, 시인이 다시는 되찾지 못할 행복감과 충만감을 시가 눈부시도록 간결하게 이야기하는 순간이다.

다시 찾아냈다.
무엇을? — **영원**.
그것은 태양과 함께
가버린 바다.

그러나 다시 한번, 시의 꿈은 현실 속에 소진된다. 랭보는 베를렌과 사이가 나빠지고 그를 비린다. 갖가지 악습의 결과로 병이 그를 사로잡는다. 이렇게 해서 새로운 실의에 빠진 그는 1873년 4월부터 8월까지 산문으로 된 중요한 텍스트를 쓰고, 그것을 출판하기 위해 브뤼셀의 한 출판사에 맡긴다. 막 지나간 2년에 대한 일종의 숙고된 자서전이 되려는 텍스트, 《지옥에서 보낸 한 철》이다. 이 텍스트는 사라진 모든 환상에 대한 이야기이며, 또한 이제는 불가능해진 시법에 대한 명철한 증언이다. "오 행복이여, 오 이성이여, 나는 하늘로부터 거무스름한 푸른빛을 떼어놓았다. 그리고 나는 자연의 빛 그 황금 불티가 되어 살았다." 그러나 그것은 지나간 자신의 모든 광기를 더욱더 규탄하고, 그 광기에 굴복해 버린 자신을 책망하기 위해서다.

> 이번엔 내[가 말할] 차례이다. 갖가지 내 광기 중 하나의 이야기다. (…) 나는 모음母音들의 색깔을 발명했다! (…) 언젠가는 모든 감각에 이해될 수 있는 시의 언어를 발명하리라 자부하기도 했다. 번역은 보류해 두었다. 우선은 습작이었다. 나는 침묵을, 밤을 썼으며, 표현할 수 없는 것을 적어두었다. 나는 갖가지 현기증을 정착시켰다. (…) 이어서 나는 내 마술적인 궤변들을 낱말들의 환각으로 설명했다!

조소적이며 비장한 마지막 작품 〈작별〉에서, 이 언어 연금술사는 지나간 자신의 꿈, 야망, 창작을 제물로 삼아 냉담하게, 혹은 서투르게 열거하면서, 모든 시적 실천을 결정적으로 포기하고 그가 그토록 피하려고 애썼던 초라한 일상생활의 범속함 속에서 자신의 대담한 시도들을 억지로 속죄하려는 것처럼 보이기까지 한다.

> 나는 모든 축제, 모든 승리, 모든 드라마를 창조했다. 나는 새로운 꽃, 새로운 별, 새로운 육체, 새로운 언어를 발명하려고 시도했다. 나는 초자연적인 힘을 획득했다고 믿었다. 그런데 어쩜! 내 상상력과 추억들을 묻어버려야 하다니! 예술가의, 또한 이야기 작가의 아름다운 영광이 하나 사라지고 마는 것이다!
>
> 내가! 마법사라고도 천사라고도 자칭하며 모든 도덕을 면제받았던 내가 추구해야 할 의무와 끌어안아야 할 거친 현실과 더불어 다시 흙에 돌아오게 되다니! 농부다!

그러나 "더 이상 말할 줄 모른다"고 외치는 그가 시와 끝장을 낸 것은 아니다. 아니 차라리 시가 그와 끝장을 내지 않았으며, 그로부터 삶의 탈취를 끝내지 않았다.

랭보가 그의 마지막 위대한 시집, 모두 산문시 또는 자유시로 된《일뤼미나시옹》을 쓰는 것은 1874년부터 그를 유럽 도처로—영국에서 독일까지, 네덜란드와 오스트리아도 거치며—끌고 다니는 긴 편력 동안이라는 의견이 지금은 정설로 되어있다. 아마 1872년부터 생각해 왔을 이 마지막 시적 실험은 또한 가장 극한적이며 가장 혁신적이다. 그것은 본질적으로 정신과 언어 양면에서의 순수 창조의 실험으로 정의된다. 여기서 정신적 창조라고 말하는 것은 우선《일뤼미나시옹》이 모든 중력 모든 이성적 지리학으로부터 해방되어, 오로지 상상력과 기억과 감각의 법칙—시인이 스스로의 "창조적 충동"이라 부르는, "이미 현실의 외관을 전혀" 갖지 않은 한 세계를 환기시킬 수 있는 힘들—에만 맡겨진 도시나 농촌의 배경과 풍경의 광대한 그물이라는 점에서다.

> 공원은 훌륭한 솜씨로 다듬어진 원시의 자연을 나타낸다. 지대가 낮은 구역엔 설명할 수 없는 부분들이 있다. 배도 없는 후미진 바다가 거대한 가로등 기둥들 늘어선 부두 사이로 푸른 싸락눈의 수면을 일렁댄다. (…) 집들은 연이어 있지 않다. 교외는 야릇한 들판으로 사라지고, (…) 거기서는 야성의 귀족들이 인간이 만들어낸

> 빛 아래 그들의 연대기를 사냥하고 있다.
>
> —〈거리들〉

그리고 이 전대미문의 공간에서 자유에 취해 시인은 춤을 춘다.

> 종탑에서 종탑으로 밧줄을, 창문에서 창문으로 꽃장식을, 별에서 별로 금사슬을 둘러치고, 그리고 나는 춤을 춘다.
>
> —〈단장〉

그러나 그가 이 새로운 세계의 천재적인 조물주라 할지라도, 시인은 또한 무엇보다도 결정적으로, 어느 때보다도 훌륭하게, 참으로 이상야릇한 언어의 연금술사다. 확실히 1871년 5월부터 찾고 있던(그는 드므니에게 "미지의 것을 발명하기 위해서는 새로운 형식이 필요합니다"라고 써 보냈다) 이 새로운 언어를 찾아내긴 했었으나 그 발견이 진정으로 이루어진 것은 바로《일뤼미나시옹》에서이다. 폴 클로델이 시에서의 자기 "아버지"라고 부르는 랭보의 시작품집에 붙인 서문[《아르튀르 랭보 저작집》〈서문〉, 1912]에서 이 산문시들의 인이가 그 자체만으로 새로운 세계의 창시임을 제시했을 때, 그는 틀리지 않았다. 그리고 이 새로운 세계는 시의 낱말·이미지들의 범람과 결정작용 속에 이룩되어, 순수한 내재성에 속하는 것의 힘으로 독자를 압도한다는 것이다.

> 언어는 우리들에게 있어서 표현이라기보다는 기호로서의 가치를 지닌다. (…) 사물들의 그림자는 *직접* 우리들의 상상력에 투영되고, 그 *홍채*虹彩 위에서 *조색*調色*된다*. 우리에 대해 교류가 시작된 것이다.《일뤼미나시옹》이 나타내는 것은 바로 이 보행자의 이중 상태이다. 한편에는 어린이들의 윤무곡이나 가곡의 대사를 닮은 짧은 시구들이 있고, 또 한편에는 문법적 퇴고나 외형적 논리에 대체되는 혼란한 이미지, 일종의 직접적이고 은유적인 결합이 있다. (…) 시인은 또한 낱말들을 찾음으로써가 아니라, 반대로 자신을 침묵의 상태에 놓아둠으로써, 그리고 자연, 다시 말해서 "걸어 잡아당기는" 감각적 형질形質을 자기 위로 지나가게 함으로써 표현을 발견한다. 세계와 시인 자신은 서로에 의해 드러난다.

그리고《일뤼미나시옹》의 낱말들의 극장에서 끊임없이 상연되는 것은 바로 이 표류하는 언어, 그러나 그

방황 속에서도 근본적으로 구성력을 지니는 언어의 연극이다. 도처에서 사물과 존재들이 언어 속에 자리를 잡으려 들어와, 서로 부르며 연결되는 것처럼 보이는 것은 오직 그들의 조화로운 친화력에 의해서다.

> 황금 계단좌석에서,—비단 끈, 회색 박사薄紗, 녹색 비로드, 햇살을 받아 청동처럼 검어지는 수정 원반들 사이로,—은과 눈동자와 머리칼의 선세공으로 된 융단 위에 디기탈리스 꽃이 열리는 것을 나는 본다.
>
> —〈꽃들〉

그러나 마지막으로 다시 한번 경이로운 창조가 그 창조자로부터 빠져나갈 것이다.《일뤼미나시옹》의 41개 텍스트는 분명 하나의 새로운 세계의 41가지 "채색삽화", 41개의 눈부신 "조명"이지만, 그것들의 또한 41의 순간적인 번갯불, 그 자체의 섬광으로 타버리는 41의 "황금 불티"일 뿐이다. 이 모든 것들은 밤의 꿈을 사라지게 하고 시인의 마지막 환상을 무산시키는 저 붙잡을 길 없는 〈새벽〉과 같다. 시인은 마침내 붙잡아 놓았다고 믿었던 저 "미지"가 그로부터 빠져나감을 보는 것이다.

길 위쪽, 월계나무숲 가까이에서, 나는 아직도 겹겹이 싸인 베일째 그녀를 껴안았다. 그리고 조금은 그녀의 거대한 육체를 느꼈다. 새벽과 아이는 숲 기슭에 넘어졌다. 깨어보니 한낮이었다.

랭보는 하나의 바람직한 삶, 절대적으로 시적인 삶이 불가능했음을 깨닫고, 이번에는 아직 가능성이 있는 언어의 다른 환상을 추구하기보다는 결정적인 침묵을 택할 것이다. 그리고 후에 말라르메가 쓰듯이 "그는 산 채 자기 시의 절단수술을" 해버릴 것이다. 아덴과 하라르에서 10년 동안 상거래를 하고 난 그는 1891년 4월 프랑스로 돌아와, 11월 10일 마르세유의 병원에서 모진 고통 속에 죽어갈 것이다, 후세가 보기에는 천재 시인과 미친 시인이라는 이중의 전설을 후광으로 두르고.

III. 베를렌(1844-1896)
시에서의 인상주의와 멜로디

폴 베를렌은 한때 랭보와 생활을 같이 했지만, 랭보의 확신에 찬 대담성도 포기의 힘도 결코 지닌 적이 없었다. 그의 친구가 빛나고 격렬했던 반면, 베를렌은 훨씬 더 얌전하고 훨씬 더 태평하기도 했다. 그리고 8백 페이지를 넘는 그의 작품은 극히 기복이 심하다. 그것은 파르나스파 시인들의 모방으로 시작되어 에로티시즘과 종교성의 색채를 띤 서글픈 고백으로 끝난다. 그러나 그 중간 시기, 《토성인 시집Poèmes saturniens》과 《지혜》를 갈라놓는 15년간에 있어서 그것은 시를 삶의 노래로 삼으려는 경탄할 만한 탐구로 나타난다.

랭보와 마찬가지로, 젊은 베를렌이 얻으려고 노력하는 것은 파르나스파 시인들의 인정이다. 1866년 그는 《현대 파르나스 시집》에 기고하며, 몇 달 후 그의 훌륭한 처녀시집 《토성인 시집》을 발간한다. 여기에서는 그의 문학 친구들과 그들의 미학에 대한 찬미를 읽을 수 있다. 그러나, 이 당세풍의 회화집 또는 소묘집은 벌써 단순한 그러모으기에 만족하지 않는 매우 개성적인 한 천재의 불안스럽고 관능적인, 고통스럽고 육욕적인 감수성의 진정한 흔적을 담고 있다. 그의 〈가을의 노래〉는 그 내용에 있어서 로망파적 "병"과 보들레르적 "우울spleen"에 매우 가깝지만 불안과 고통이 섬세하게 담겨져 있는 새로운 음악을 창조하고 있다. 또한 〈지는 해〉는 이미 에레디아풍의 약간 차가운 황혼의 찬란함을 전혀 지니고 있지 않으며, 말의 주술에 따라 어떤 몽상의 완전한 내면성에로 활짝 열려있다.

힘 잃은 새벽이
지는 해의
우수를
들에 붓는다.
우수는
지는 해에
넋 잃은 내 마음을
다정한 노래로 흔든다.

그러나 젊은 시인의 독창성이 보다 잘 드러나는 것은 《우아한 향연》(1869)에서이다. 이 시집은 바토Watteau와 그 밖에 **계몽** 세기의 매력적이며 자유분방한 화가들의 그림에서 착상을 얻고 있다. 베를렌은 여기서 묘사시의 대전통 속에 자리 잡고 있는 것처럼 보이지만, 사실은 시적 풍경의 개념을 완전히 쇄신하고 있다. 그 풍경은 로망파들에게서 그랬듯이 어떤 정념이나 드라마의 공범자로서의 배경이기를 그치고, 혹은 또 파르나스파에게서 너무나 자주 그랬듯이 순수한 미적 효과를 위한 구실이기를 그치고, 더없이 미묘하고 더없이 섬세한 감각의 표현과 결정작용이 이루어지는 공간으로 되고 있다. 베를렌의 풍경에서 묘사의 요소는 모두 감각이기도 하며, 빛은 또한 모두 감정이기도 하여, 그 모두가 배경의 우아함이나 신비로움 속에서 불안에 찬 한 영혼의 "내적 풍경"을 그리는 데 협력하고 있는 것이다.

그대의 영혼은 선택된 풍경
가지가지 마스크와 베르가마스크가 매혹하며
(…)
그들의 노래 달빛에 섞인다.

나뭇가지의 새들을 꿈꾸게 하고,
대리석상들 사이 높고 날씬한
분수를 황홀히 흐느끼게 하는,
슬프고도 아름다운 고요한 달빛에.

일 년 후 그가 《좋은 노래》를 발간하자, 보다 환한 또 다른 풍경들이 어떤 행복을 보여준다. 이제까지 고민에 시달리고 끊임없이 알코올의 과음으로 위협받던 베를렌의 시에서는 예상할 수 없었던 행복이다. 이 무렵 그는 젊은 마틸드 모테와 막 약혼했으며, 1870년 8월 그녀와 결혼하게 된다. 그러나 사랑하는 남자의 기쁨은 무르고, 목가적인 사람의 감격은 또한 미래의 불안이라 불리는 것이기도 하다.

정말, 두렵기까지도 합니다,
그토록 나는 느낍니다, 지난 여름
내 마음을 사로잡은 그 환한 생각에
내 삶이 얽매여 있음을,

전쟁, 파리 코뮌의 소요, 1871년 9월 저 "소년 사탄" 랭보와의 만남은 이미 너무나 많은 오해 위에 이루어졌던 결혼생활을 깨뜨리게 된다. 베를렌은 그를 자신의 착란의 공범으로 삼으려는 랭보와 함께 도망쳐, 벨기에와 영국을 전전하면서 방랑생활을 보낸다. 프랑스 시는 여기에서, 바로 이 유랑과 방탕의 도정에서 그 가장 위대한, 그러나 서로 매우 상이한 두 작품을 얻게 되리라. 언어 연금술사에 의한 "지옥"의 시편들과 시구의 음악가에 의한《말 없는 연가》이다. 후자는 두 친구가 결별한 후인 1874년에야 출판되지만, 바로 이 시집에서 저자의 모든 기법이 고스란히 나타나고, 상징주의 미학에 대한 그의 독창적인 기여가 모두 드러난다. 그는 상징주의 미학에 있어서 보들레르보다도 그리고 그의 연하자 랭보보다도 훨씬 더 이론의 여지 없는 스승의 하나인 것이다.

베를렌은 사실 랭보처럼 "미지" 속에 훌쩍 뛰어들기를 주저하지 않는 **자아**의 엉뚱한 체험을 통해 시의 새로움을 세우려 하지는 않는다. 그에게는 난폭한 [자아] 박탈도 없으며, 언어의 격렬함 또한 없다. **나** le JE는 여기서는 "하나의 타자"가 아니며, 광기나 말의 기적적인 마법에 매혹되지는 않는다. 시인은 다른 현실로 망명하지 않는다. 그는 차라리 이 세계의 수많은 현실들—존재, 사물, 풍경—이 자기를 스치고, 때로는 자기 속에 파고드는 대로 내버려 둠으로써, 중얼거림이건 속삭임이건 하나의 언어를 발한다. 그 언어는 의미보다도 억양 속에 가치를, 강렬함보다도 멜로디 속에 힘을 지닌다. 베를렌은 절대적인 환경전환의 난폭함을 거부하고 그 대신 시간의 구성 요소들(〈잊혀진 아리에타〉의 추억과 아쉬움)이나 공간의 구성 요소들(비, 안개, 박명)의 몰개성과 은은한 불투명 속에 개성을 산란·무산시킬 것을 전적으로 받아들인다. 한 시인이 이렇듯 훌륭하게, 사물과 언어의 덧없고 변덕스런 현실 속으로 **자아**가 감미롭게, 그러나 마음 어지럽게 용해해 가는 모습을 표현한 것은 드문 일이다.

언덕과 비탈의
도주는 얼푸른빛 장밋빛
모든 것을 흐려놓는
램프들의 어스름 불빛 속에.

—〈소박한 벽화〉

그리고 바로 이 점에서 베를렌은 상징주의의 정신을 본질적으로 새롭게 하고 있다. 만일 상징주의자라 함이, 단지 외관과 기호 뒤에 숨겨진 어떤 의미와 본질이 있음을 알리기 위해 언어의 상징을 사용하는 데에만 있다면, 베를렌은 상징주의자가 아니거나 아주 조금만 상징주의자일 것이다. 비니와 같은 로망파들에게 있어서는 매우 분명하고 보들레르의 미학에도 아직 남아있는 "상징적 전이"의 관념은 그의 시법에서는 거의 통용되지 않는다. 그만큼 기호signe와 기의signifié, 상징과 현실이 분리할 수 없는 동일한 통합체로 살고 있는 것이다. 예를 들어 여기에서는 영혼이 현실의 배경 속에 용해되고, 저기에서는 풍경 전체가 마음의 깊이를 에워싸고 있으며, 몰개성적 감각과 묘사적 환기의 두 가지 사이에서 어느 쪽이 다른 한쪽의 상징인지 알 수가 없다.

거리에 비 내리듯
내 가슴에 눈물 내리네,
이 울적함 무엇이기에
내 가슴 깊이 스며드나?

랭보와의 관계는 참극으로 끝을 맺었다. 1873년 7월 베를렌은 취중에 친구를 향해 연달아 두 번 방아쇠를 당겨 상처를 입힌다. 2년의 징역형을 받은 그는 브뤼셀과 몽스에서 옥살이를 한다. 감옥시대는 그에게 있어 "회심回心"의 시대이기도 한 것 같다. 1881년에 출간될 그의 마지막 대시집 《지혜》의 시편들이 그것을 말해주리라. 우선 종교적·신비적 회심, 불행의 길은 또한 신을 향한 길이었다고 베를렌은 쓴다.

바야흐로 철의 손가락에 차갑게 닿아
하나의 마음 내게 소생하는 것이었다, 순수하고 자랑스러운 마음이.

바야흐로, 거룩한 순결에 불타올라,
젊고 착한 하나의 마음 내 가슴 속에서 고동쳤다!

—《지혜》, I.1

또한 생활에 있어서의 회심. 방황이 끝나고, 유혹이 끝나고, 지옥이 끝났다. 이제 차분한 삶이 지닌 깨끗하고 신선한 순결을 되찾아야 할 때라고 시인은 한숨지으며 말한다.

지붕 너머 하늘은
　저리도 푸르고 고요합니다!
지붕 너머 나무 한 그루
　손바닥을 흔듭니다.
(…)

하느님, 하느님, 저기 삶이 있습니다,
　소박하고 조용한.
저 평화로운 두런거림
　거리에서 들려옵니다.

—《지혜》, III.6

그러나 이 지혜에는 얼마나 많은 착각이 있었는가! 생활에 대한 새로운 환멸이 곧 이 지혜를 압도하고 말 것이다. 그리고 이번에는 생활뿐만 아니라 시적 창조까지도 그 때문에 타격을 입게 된다. 이미 랭보는 삶과 시의 이중의 한계를 일단 알게 되자 글쓰기도 삶도 중단해 버리고 있었다. 베를렌은, 오호라! 빈곤한 시정으로 범용한 생활을 끌고 간다. 그 시는 번갈아 "현명"하면서도 실현 불가능한 결의(《예와 요즈음》, 《사랑》, 《행복》, 《마음 속의 예전》)를, 악과 "죄" 속으로의 재전락(《평행하며》, 《그녀에게 바치는 노래》, 《그 영예를 기리는 오드》)을 나타내고 있다.

그러나 1896년 1월 그의 장례식 때, 많은 작가와 시인들은 모두 뒤늦게나마 충심으로 그에게 경의를 표한다. 기법상의 위대한 개혁자 베를렌이라는 전설이 벌써 생겨나 있다. 그리고 사실 세기말의 시인들에게 베를렌이 하나의 모범이자 하나의 선구자로 나타나게 되는 것은 그의 시 자체보다는 그의 시법 때문이다. 이 시법은 1874년에 벌써 씌어져 그 후 상징주의의 진정한 선언으로서 다시 읽히게 될 중요한 텍스트 〈시법〉에 그 전체가 요약되어 있다. 그 본질적인 원칙은 명백하다. 즉 모든 시는 음악이며 가벼움이어야 한다는 것이다.

더욱더 언제나 음악을!
너의 시구는 날아가는 것이거라,
다른 하늘 다른 사랑으로 사라진
영혼으로부터 도망치는 듯 느껴지는.

이 음악을 위해 베를렌은 시의 구성과 운율의 여러 기법을 비롯하여 작시법상의 모든 기법을 불러 모은다. 그가 고전적인 12음절시구를 사용할 때 그것은 3구분의 리듬으로 반구半句hérmistiche의 단조로움을 끊임없이 깨뜨리고 시구의 보내기rejet와 걸치기enjambement를 되풀이하여 12음절시구를 해체시키기 위함이다. 그렇게 함으로써 시구와 시절이 악센트가 풍부한 조합들의 교묘한 연속으로 변형되어 감정의 불안과 완전히 결합하는 것이다. 그러나 그의 "통풍이 잘 되는" 음악은 또한 약간의 신기축을 요구한다.

무엇보다 먼저 음악을,
또한 그러기 위해 **기수각**奇數脚을 택하라,
한결 어렴풋하고 대기 속에 용해되기 쉬워,
무거움이나 위압감이 전혀 없는.

따라서 시인은 끊임없이 기수각의 운율을 발명하고 또 발명하여, 한결같이 능숙한 솜씨로 5음절시구(〈왜 그런지 몰라도…〉), 7음절시구와 9음절시구(〈목마〉, 〈시법〉), 그리고 특히 그가 놀라운 효과를 끌어내는 매우 선율적인 11음절시구(〈사랑의 죄Crimen Amoris〉)를 다룬다. 각운과 모음압운母音押韻assonances의 때로는 얌전하고 때로는 대담한 기교에 있어서도 똑같이 절묘하여, 그것이 아직도 운문인지 차라리 산문시인지를 잊게 할 정도로 듣는 사람을 매혹한다…

아름다운 멜로디, 풍부한 리듬의 이 시는 결국 무엇보다 "뉘앙스"를 띠려 한다. 시선이 다양한 필촉의 작용을 통해 공간과 주제를 재구성하는 자유를 잃지 않는 저 마네Manet의 그림들처럼, 베를렌의 시는 항상 반농담半濃淡 속에 암시되는 "인상"의 연쇄이며 미묘한 파스텔화집이다. 랭보의 텍스트는 요란한 교향악이나 색채 풍부한 화폭을 지향했으나, 베를렌은 교향악보다는 연가romance 내지 소나타를, 색채보다는 뉘앙스를 더 좋아한다.

우리는 더욱더 **뉘앙스**를 원하기에,
색채가 아니라, 오직 뉘앙스만을!
오! 뉘앙스만이 짝지어 준다
꿈과 꿈을, 플루트와 뿔피리를!

베를렌은 그의 가장 훌륭한 텍스트들에 있어서 바로 이 우아한 문학적 인상주의(물론 그것은 회화에서의 인상주의를 연상케 하지만, 동시에 드뷔시Debussy와 같은 음악에서의 인상주의에 미치는 영향도 없지 않으리라)에 탁월하다. 이때 실감되고 체험된 현실의 인상들은 가요chansons의 낱말들의 경쾌한 흐름을 타고 현실로 되돌아오며, 그 가요는 그것 역시 말장난littérature임을 잊을 수 있게 하는 것이다.

> 너의 시구는 행복한 모험이거라,
> 박하와 백리향 냄새 향기로운
> 저 싸늘한 아침 바람에 흩어지는…
> 나머지는 모두가 말장난.

Ⅳ. 말라르메(1842-1898)
시의 극한에

보들레르, 로트레아몽, 베를렌 그리고 랭보의 시가 그들의 삶과 끊임없이 동시대적이며, 그들의 삶의 현실—일상적이건 예외적이건—속에 깊이 뿌리내리고 있는 것처럼 보였던 반면, 스테판 말라르메의 작품은 생활의 우여곡절과 부침으로부터 완전히 보호되어 있는 것처럼 나타난다. 따라서 오랫동안 자기의 활동을 예속적이고 보람 없는 영어교사직과 힘겹고 때로는 실망스러운 시쓰기로 이분했던 사람의 생애에 대해서는 별로 이야기할 만한 것이 없다. 이제야 유명해진 선배들과는 반대로, 그는 자신의 생존 시에—사실주의와 실증주의의 이 반세기에 있어서 시인에게는 드문 일이지만—문학적 영광을 체험하게 될 것이다. 사실 1880년부터 벌써 그는 파리 롬 가의 자기 아파트에 젊은 시인·작가들로 된 하나의 그룹 전체를 규합하는 데 성공하며, 옛날의 **세나클**의 위고와도 같이 차츰 그들의 "스승"이 되어간다. 매주 화요일 저녁마다 그곳에는 우리가 다시 이야기하게 될 젊은 "상징파" 혹은 "데카당파" 들, 르네 길, 귀스타브 칸, 쥘 라포르그, 앙리 드 레니에, 그리고 또한 우리 20세기에 속하는 미래의 "거장들", 앙드레 지드, 폴 클로델, 폴 발레리 등이 모두 모여든다. 발레리는 몇 달 사이에 랭보와 말라르메라고 하는 눈부시면서도 상반되는 두 천재를 발견했다고 고백하며, 그들을 같은 찬사 속에 결합시켰으나, 그 타당성은 우리의 성찰의 출발점이 될 것이다. 그는 이렇게 쓰고 있다. "이 특이한 두 현상이 나의 문화적 지평선에 갑자기 출현함으로써 나는 지적인 의미에서 깜짝 놀라 당황하게 된 사람이나 다름없었다. 나는 막연하나마 말라르메와 랭보를 서로 다른 종류의 과학자에 비교한다. 한 사람은 무엇인지 모르나 상징적인 계산법을 창안해 내는 자, 또 한 사람은 무엇인지 모르나 전대미문의 방사선을 발견한 자."

놀라운 "상징적 계산법", 이것이 바로 말라르메의 시가 지닌 이중의 특징이다. "상징적"이라는 것은 그의 시가 보들레르의 그것처럼 현실의 외양을 넘어서서 그 본질의 탐구에까지 나아가 그것을 복원하려고 노력하기 때문이며, "계산법"이라는 것은 그의 시가 하나의 논리 전체, 아니 이렇게 말할 수 있다면 하나의 수학 전체를 통해 엄밀하고 동시에 "우연한" 언어 탐색에 나서려 하기 때문이다. 1860년대에 쓰인 그의 초기 텍스트들은 랭보나 베를렌의 그것처럼 파르나스파와 보들레르라는 이중의 시적 아버지의 영향 아래 놓여진다. 그 또한 《현대 파르나스 시집》의 그룹에서 접하는 고티에나 방빌 같은 시인으로부터는 말에 대한 숭배와 형식의 순수성에 대한 갈망을 이어받을 것이다. 1861년에 읽고 열광리에 발견하는 보들레르에게서 그는 자기와 똑같은 개인적 드라마의 표현을, 그 계시까지를 보게 된다. 그의 드라마 역시 경멸할 만한 현실의 속박과 접근할 수 없는 이상의 유토피아 사이의 고통스러운 모순으로 이루어지는 것이다. 따라서 그의 훌륭한 초기 시편들은 《악의 꽃》의 보들레르적 주제에 의한 일련의 변주곡과도 같은 것이다. 우리가 〈불운〉에서 다시 발견하는 것은 〈알바트로스〉 혹은 〈축복〉의 시인의 초상이며, 거기에는 동일한 고통, 동일한 욕구 그리고 동일한 희망이 있다.

> 얼빠진 인간들의 무리 위에
> 창공을 구걸하는 자들 그 발은 우리의 길을 밟고도
> 그 야성의 갈기는 번쩍이며 솟구치고 있었다.
> (…)
> 항상, 바다를 만나리라는 희망을 품고,
> 그들은 여행했다, 빵도, 지팡이도, 물항아리도 없이,
> 쓰라린 이상의 황금 레몬을 씹으며.
> (…)
> 그들은 꿈의 젖을 빨았듯이 고통의 젖을 빤다,
> 그리고 관능적인 눈물을 리듬에 맞추어 노래하노라면
> 대중은 무릎을 꿇고 그들의 어머니는 일어선다.

〈새봄〉에서 다시 솟아나는 것처럼 보이는 것은 모든 무력함과 우울의 모든 고민이다.

> 그리고, 침울한 피가 지배하는 내 존재 안에서

무력이 기지개를 켜며 긴 하품을 한다.

낡은 무덤처럼 쇠테가 조이고 있는
내 두개골 아래 하얀 황혼이 식어가고
그리고 슬피, 나는 어렴풋하고 아름다운 꿈을 좇아 헤
[맨다,
무한한 수액이 넘치며 으스대는 들판을 누비며,

그러나 보다 깊이 분석해 보면, 상징체계가 매우 뚜렷한 이들 초기 시편에서부터 벌써 말라르메의 주제체계와 그의 선행자이자 선구자[보들레르]의 그것 사이에는 완전한 일치가 없음을 알게 된다. 말라르메의 **창공**이 정확히 보들레르의 **이상**은 아니며, 그의 **권태**도 또한 **우울**에만 국한되는 것이 아니다. 사실《악의 꽃》의 저자가 육체와 정신의 분열로서 체험했던 것을 말라르메는 그보다는 더 일종의 참을 수 없는 형이상학적 불만으로서 체험하기 때문이다. 그리고 [보들레르의] 〈전생〉의 주제를 다시 쓰고 있는 것처럼 보이는 〈창〉의 다음과 같은 4행시들은 시인이 날아오르고자 하는 저 이상적인 "다른 곳"이 미적이라거나 윤리적이라기보다, 심지어 정신적이라기보다 얼마나 진정으로 형이상학적인가를 짐작케 한다.

나는 도망친다 그리고 누구나 삶에 등을 돌리는
모든 창에 매달린다. 그리고 축복을 받아,
무한의 순결한 아침이 금빛으로 물들이고,
영원한 이슬로 씻겨진, 그 창유리에

나를 비추니 내가 천사임을 본다! 그리고 나는 죽는다,
[그리고
—그 유리가 예술이건, 신비로움이건—
내 꿈을 왕관으로 쓰고, 다시 태어나고 싶다,
미가 꽃피는 전생의 하늘에!

보들레르에게서 시적 언어의 순수성은 일상생활의 모든 불순성을 살풀이한다는 사명을 띠고 있었다. 말라르메에게서는 말의 순수성에 대한 끊임없이 커지는 집념이 실존의 순수성에 대한 집념과 분리될 수 없으리라. 그에게는 실존의 고행이 없다면 언어의 고행도 있을 수 없을 것이다. 우주를 재창조하기 위해서는, 그것을 투명하게 만들기 위해서는, 시인은 낱말들의 맑은 거울이 자리 잡을 수 있을 자유와 투명성의 공간을 바로 자신 속

에 열어야 한다. 이러한 요구—이로 인해 작품의 단순한 "무상성無償性"에 기초한 파르나스파의 주장과 말라르메의 미학이 근본적으로 분리됨을 알 수 있다—는 시인이 1867년 그의 친구 카잘리스에게 보낸 편지에서 고백하였듯이 잔혹하고 "무서운" 시련이기도 하다.

> 나는 완전히 죽었다. (…) 이제 나는 비인칭이며, 자네가 알고 있던 스테판이 이미 아니라, —과거의 나였던 것을 통하여 정신적인 **우주**가 스스로를 보고 스스로를 전개해 간다는 하나의 [대응] 능력이다.

이처럼 말라르메는 세상에 대한 죽음보다는 자기 자신에 대한 죽음을 시의 해방적이며 창조적인 힘의 기반으로 삼는 것이다.

이 "비인칭화"—우리가 알고 있듯이 그것은 랭보의 "정신착란"이나 베를렌의 "몰개성화"와도 매우 다르다—는 언어를 그 본질적인 순수성과 역동성을 통해 전개하는 데에 절대적으로 필요한 조건이다. 말라르메는 다른 곳에서 이렇게 쓴다.

> 순수한 작품이란 필연적으로 화자로서의 시인의 소멸

을 의미하는 것이며, 시인은 낱말들에 주도권을 양도한다. 낱말들은 하나하나가 다르기 때문에 서로 충돌함으로써 동원상태에 놓인다. 낱말들은 마치 보석들 위에 길게 뻗어있는 허상의 불빛처럼 그 상호 간의 반영으로 점화된다.

이 투명하고 눈부신 언어-보석의 은유(스승의 몇몇 후계자들과 특히 폴 발레리가 그들 나름으로 이를 되풀이할 것이다)는 말라르메의 시법을 매우 잘 밝혀준다. 시인은 자신의 내부에서 순수한 시적 언어가 말을 하도록 자신이 삶으로부터 "부재"가 되는 것만으로 만족하지 않고, 또한 이러한 언어 그 자체가 "폐기"되어, 순수하고 흠 없는 다이아몬드처럼 모든 현실, 모든 물질의 간결하면서도 이상적인 "반영"으로 되기를 바란다. 1866년 프랑수아 코페에게 보낸 감탄할 만한 편지에서 말라르메는 자기 시법의 이 두 번째의 복잡한 원칙을 명백히 밝히고 있었다.

우리가 특히 지향해야 할 바는, 시 속에서 낱말들—이미 외부의 인상을 받아들이지 않을 만큼 충분히 그것들 자체로 되어있는 낱말들—이 서로가 서로를 반영하여, 이미 그 본래의 색깔을 지니지 않고 어떤 색조의 추이에 불과한 것처럼 보이게 된다는 것입니다.

말라르메의 이미지의 목록 속에 "창유리", "창", "거울" 들이 그처럼 눈에 띄게 자주 나타나는 것은 이 때문이다. 이러한 이미지들은 모두, 사물의 현실성을 시의 "불투명"한 물질성이 대신하는 것이 아니라, 시적 언어의 투명성 속에 우주의 재창조된 이념성이 떠오르기를 바라는 시인의 욕구의 상징인 것이다. 그러므로 시인은 끊임없이 자기 창유리의 수정을 얇게 하고 자기 다이아몬드의 사면경斜面鏡을 되깎는다. 자신의 세계상을 위한 귀중한 도구인 낱말들에게도 그 한계가 있으며, 그것들의 "두께"가 저 "자연현상을 공기진동현상에 의한 거의 즉각적인 소멸로 옮겨놓는 기적"을 무효화시킬 위험도 있음을 잘 알고 있기 때문이다.

"화자로서의 시인의 소멸"과 말 속으로의 현실의 "공기진동현상에 의한 거의 즉각적인 소멸" 사이에서 말라르메의 시를 위한 길은 좁고 험난하다. 주관성과 삶의 위협, 그리고 줄곧 되살아나는 낱말들의 불충분함, 이 양자 사이에서 말라르메에게 있어 창조의 길은 우리가 그의 작품에서 읽을 수 있듯이 고통의 길일 수밖에 없었으며, 또 실제로 그러했다. 1865년부터 벌써 시인은 야심적인 계획을 꿈꾼다. "위대한 작품"을 창조하는 것, 유일한 **책**을 쓰는 것. 이 **책**은 모리스 블랑쇼가 말한 것처럼 "**지상**에 대한 오르페우스적 해명[이는 블랑쇼가 아니라 말라르메의 말] (…) 인간에 대한 해명"이 될 것이다. 오호라! 삶의 여러 여건, 스스로 짊어진 엄한 요구에 얽매인 문학적 무능의 고통은 말라르메로 하여금 "세계가 그곳에 도달하기 위해 만들어진" 그 위대한 책을 쓰지 못하도록 하리라. 그럼에도 불구하고 그가 때로는 미완성인 채 우리에게 남긴 텍스트들은 불가능한 성공을 향해 가는 현실적인 소묘다. 1870년부터 그는 동시에 두 편의 장시를 쓰는 데 힘을 기울인다. 세 장경밖에는 완성하지 못할 서정 극시 〈에로디아드〉와, 클로드 드뷔시에게 가장 아름다운 전주곡의 하나를 착상케 할 〈목신의 오후〉이다. 두 텍스트 중 전자에서, 숫처녀이며 긍지 높은 왕녀의 모습을 빌려 시인이 암시하는 것은 접근할 수는 없으나 다치기 쉬운 **미**의 이상이다.

유모

슬픈 꽃이여, 홀로 자라며 마음을 움직이는 상대라곤
오직 물속에 무력하게 보이는 제 그림자뿐.
(…)

에로디아드

그렇다, 나를, 나를 위함이다, 내가 꽃피는 것은 고독하게!

(…)

　나는 사랑한다 처녀로 있음의 끔찍함을, 나는 바란다.

내 머리칼이 내게 안겨주는 공포 속에 살기를

(…)

그리고 모두가, 내 주위에서, 우러러 받들며 산다

다이아몬드 맑은 시선의 에로디아드가

그 잠든 정적 속에 비쳐있는 거울 하나를…

두 번째 텍스트에서는 반대로, 시인이 환기하는 것은 육체의 욕망, 관능의 몽상이며, 이윽고 침묵과 잠의 피신처에서 그것들을 잊는다.

단지 그것뿐, 독성의 말을 잊고 모래밭에 목말라 누워

잠들어야 할 것이며, 포도주의 효험을 지닌

태양을 향해 나는 얼마나 입 벌리고 싶은가!

한 쌍이여, 잘 있어라, 그림자 된 너의 그림자를 내 보러
[가리라.

이들 발췌를 읽어도 느껴지는 바이지만, 이 시기에 벌써 말라르메의 에크리튀르는 일종의 확실한 난해어법hermétisme에 의해 그 강렬함을 나타내고 있으며, 이 때문에 저자는 아마도 우리 언어에서 가장 난해한 시인이 된다. 시구마다, 4행시절qautrain마다, 소네트마다 매우 뚜렷이 나타나게 되는 이 난해어법은 특히 말라르메의 시적 통사법의 해체에 기인한다. 그는 문文을 부수고 분해하여 마침내 문 속의 낱말 하나하나—그 역시 "재창조된"—가 진정으로 의미 있는 자기 자리를 발견하도록 한다. 음향과 의미에 있어서 최대의 환기력이라는 관점에서 낱말들을 편성하려는 이 노력, 〈에드거 포의 무덤〉(표현의 "엄밀성"이라는 점에서 그가 보여준 여러 모범의 하나)에서 쓰고 있듯이, "종족의 낱말들에 보다 순수한 의미를 부여"하려는 이 열중은 "속된" 대중들과는 소통이 단절될 위험을 무릅쓰지 않을 수 없었다. 그러나 그것은 접근할 수 없는 목표에 도달하기 위해 반드시 치러야 함을 그가 스스로 알고 있었던 대가다. 〈데 제생트를 위한 산문〉, 몇 편의 〈무덤〉이나 〈헌정〉, 몇 편의 짧은 〈노래〉, 혹은 보다 단순하게는 갖가지 소네트의 어떤 시구들은 이 목표를 예감케 한다. 예컨대 〈순수하고 강건하며 아름다운 자는 오늘…〉에서 사르트르는 "그가 빌명해 낸 놀라운 부정의논리", "시의 내적 무효화"에 의해 확고하게 되는 논리의 가장 훌륭한 예증을 볼 수 있다고 생각한다.

지난날의 백조는 회상한다, 모습은 장려하나
불모의 겨울 권태가 그토록 빛났을 때
살아야 할 저 하늘을 노래하지 않은 까닭으로
희망도 없이 스스로를 해방하는 제 신세를.

한편 문법적·어휘적 인상주의의 걸작, 그 유명한 〈yx 각운의 소네트〉에서는 "순수한 부재의 시"의 가장 훌륭한 성공의 하나를 찬탄할 수 있다.

빈 객실의, 장식장 위에는, 공허하게 울리는
폐기된 골동품, 소라 껍질도 없다.
(**무**가 자랑하는 이 물건만 가지고
주인이 지옥의 강으로 눈물을 길러 갔기에).

그리고 **스승**을 그토록 잘 알았던 폴 발레리도 역시 시적 **필연**과 **우연**의 도가니에서 주조된 이 문학적 "골동품" 속에 완성과 절대를 보았다고 생각한다. "기적처럼 완성된 그의 소품들은 완벽의 전형으로서 압도적인 힘을 지니고 있었다. 그만큼 낱말과 낱말의, 시구와 시구의 운동과 리듬의 관계는 확고한 것이었다. 그만큼 그 관계들 하나하나는 내재적인 힘의 균형에 의한, 이를테면 절대적인 하나의 물체objet라는 관념을 부여하는 것이다."

그러나 말라르메가 스스로 정한 시의 이상에 가장 가까이 접근한 것은 아마도 그의 죽음 직전, 1897년에 발표된 최후의 위대한 시도, 〈주사위를 한번 던짐…〉에서이다. 이 최후의 시는 실상 매우 당황스러운 글자배열과 인쇄법에 의한 하나의 방대한 문장이며, 시적 텍스트의 단편 혹은 "파편"들이 "*주사위를 한번 던짐은 결코 우연을 배제하지 않으리*"라는 중심 명제를 둘러싸고 있다. 시인은 여기서 우주의 혼돈을 끊임없이 해명하는 **사고**와, 그 내적 질서가 "필연적으로" 절대의 창시 · 표현이기도 한 **언어**와의 이중의 진행을 표현하려고 시도한다. 바로 이 이중의 차원 속에, 블랑쇼가 말한 "오르페우스적" 의도[앞의 역주 참조], 즉 세계로 하여금 **말**의 신비를 통해 말하게 함으로써 그 세계를 해명하려는 의도를 알아볼 수 있다. 이 의미에서, 〈주사위를 한번 던짐…〉의 20페이지는 하나의 성공이다. 여기시는 여백의 공간—언어의 진정한 호흡—이 쓰인 낱말들보다도 더 중요하다. 그 자체가 위험에 찬 주사위 던지기인 이 시는 절대적이고 필연적인 완성을 지닌 말의 물체로서 강력히 나타남으로써 **허무**와 **우연**으로부터 벗어난다. 그러나 이 이상적인 말의 물체도 그 물질성 역시 "부재"다. 왜냐하면 이 물체는 스스로 강력히 나타나면서 동시에 여러 본질의 결정작용의 장소, 또는 그 "성좌"의 장소밖에는 다른 아무것도 나타내지 않기 때문이다. "*아마 하나의 성좌를 제외하고는 장소 이외의 아무것도 생기지 않았을 것이다.*"

말라르메는 이 텍스트에서보다 더 멀리에는 결코 가지 못하리라. 그리고 그의 이후에 다른 어느 누구도. 우리는 여기서 시와 문학의 극한에 서있는 것이다.

V. 데카당스와 상징주의

19세기 말엽의 시의 역사를 특징짓는"상징파école symboliste"가 무엇이었던가를 엄밀한 용어로 말하기는 매우 어렵다. 이 어려움은 "상징symbole"과 "상징주의 symbolisme"라는 말 자체에 따르기 마련인 모호성에 기인한다. 일반적인 용법에서 말하면, 특히 후자는 이 세기 전반에 걸치는 광대한 시적 이상주의 사조의 존재를 의미하기도 하고, 또한 하나의 "문학유파"로 생각하기는 어려우나 1885년경에 탄생한 한정된, 그러나 잡다한 운동을 의미하기도 한다. "상징주의"라는 용어의 첫 번째 의미로는, 이 위대한 시의 세기에 있어 "상징주의자"는 사실 수많이 있었다. 라마르틴과 위고는 피안의 신비를 예감하는 그들의 능력에 의해 그러했으며, 네르발은 꿈과 삶, 현실과 초현실을 혼합하려는 그의 의도에 의해 그러했으며, 보들레르와 랭보는 "이곳"이 이미 계시하는 "다른 곳"에 도달하려는 그들의 욕구에 의해 그러했으며, 베를렌은 그의 "조화"의 숭배에 의해, 끝으로 말라르메는 근본적으로 "이상주의적인" 그 시쓰기의 개념에 의해 그러했다. 그러나 문학사가 일관하여 상징주의자라고 부른 것은 그들이 아니다. 그것은 그들의 "자손들", 그들을 스승이나 선도자로 인정하고, 세기가 종말에 접어들기 시작할 때 자기들의 존재와 자기 동일성을 더욱 확립하기 위해 한데 모이려고 기도하는 사람들이다. 그러나 여기에서도 역시 "상징주의자"라는 하나의 말만으로는, 비록 이 말이 그들 모두를 지칭한다 하더라도, 그들 중 어느 누구도 정확히 지칭하지 못한다. 구성도 일관성도 거의 없는 유파의 그릴듯하고 잠정적인 꼬

리표 아래 서로 상이하고 게다가 서로 모순된 수많은 작은 그룹들이 숨어있는 것이다. 그러나 우리는 명확성을 고려하여 이 19세기의 마지막 운동에서 세 가지 성분을 추출하기로 하자.

라포르그가 그 중요 인물이었던 "데카당파" 그룹, 모레아스[1856-1910]가 그 지도자로 부각된 이른바 "상징파" 그룹, 끝으로 전향 후의 모레아스가 탁월한 솜씨로 빛낸 "로만파l'école romane".

"상징주의"라는 말은 정의상 막연한 것이지만, "데카당스"라는 말은 이 세기 마지막 사반세기의 역사 자체에 보다 확실하게 뿌리를 내리고 있는 것처럼 보인다. 1863년에 벌써 보들레르는 콩스탕탱 기스에 관한 그의 논문 〈현대생활의 화가〉에서 이 말을 사용했으며, 베를렌은 20년 후 "나는 데카당스의 종말에 이른 **제국**이다"라는 유명한 표현으로 이 말을 열렬히 되풀이하게 되었다. 두 선구자는 이 말로써 그들이 어떤 의미에서 붕괴되어 가는 세계를 역사적·문학적으로 살고 있다는 의식을 명백히 표시한 것이다. 우선 제2제정 말기의 격동에 이어 1870년의 피비린내 나는 제정 몰락에 의한 정치적 붕괴. 또한 일시적으로 표류하는 부르주아 사회의 사회적 붕괴. 그리고 이 사회는 반항심이나 콤플렉스에 사로잡힌, 또는 소란스러운 젊은이들을, 보들레르적 당디슴의 젊은이들을 낳는다. 유행이기도 하고 동시에 신화이자 현실인 시적 "데카당스"는 바로 이러한 제정 말기와 제3공화정의 불안정한 초기의 술집들을 지배한 이의제기적 방랑생활 속에서 표명되는 것이다. 로망주의의 전성기처럼, 살롱, 술집 또한 맥주집에서, 몽마르트르나 센 강 좌안에, 트리스탕 코르비에르[1845-1875], 제르맹 누보[1851-1920], 로랑 타이아드[1854-1919], 조르주 로덴바흐[1855-1898], 에프라임 미카엘[1866-1890], 쥘 라포르그[1860-1887], 샤를 크로[1842-1888]라는 이름의 잡다하고 열광적인 하나의 "시적 동물상faune poétique" 전체가 모여든다. 이 중 열정과 유머가 가득한 남불 사람 크로는 소그룹들 모두에 관여한다. 이 소그룹은 만나고 다투고 하면서 늘어나기도 하고 결성되기도 해체되기도 하지만, 부르주아지의 보수적이며 저열한 물질주의적 사회에 대해 "빌어먹을"이라고 말하는 공통된 정신으로 고무되어 있다. "물치료사파Hydropathes", "텁수룩파Hirsutes", "빌어먹을파Zutiste"… 이 또한 로망주의 시대에서처럼, 당당한 선언문이 발표되고 텍스트가 나오는 것은 정기 간행물을 통해서, "시 잡지"를 통해서다. 한때 르네 길[1862-1925]이 편집한《라 데카당스》지, 1886년 아나톨 바쥐[1861-1903]가 창간한《르 데카당》지… 이 모든 집합소, 이 모든 잡지들의 통일성을 파악하기는 매우 어렵다. 이들 모든 그룹에서는, 시끄럽고 단정치 못한 신로망주의자들이, 라마르틴의 "푸념"과 위고의 지나친 자만을 헐뜯는 트리스탕 코르비에르 같은 반反로망주의자들과 어깨를 나란히 하고 있지 않은가? 그리고 1887년, 혈기 넘치는 바쥐가 이론가로서의 성실하나 헛된 염려에서, 자신이 줄기차게 "데카당파"로 부르는 것의 선언을 발표하게 될 때, 데카당스는 이미 사라졌거나 유행에 뒤진 것이 되어있으리라! 오늘날 또 하나의 세기말을 사는 우리들에게 이들 중 무엇이 남아있는가? 적어도 감수성이 예민하고 일관성 있는 하나의 훌륭한 작품, 너무나 일찍 별세한 천재, 쥘 라포르그의 작품이 있다.

1860년 몬테비데오에서 브르타뉴 출신의 부모로부터 태어나, 1887년 그를 앗아가게 될 결핵에 젊은 나이에 잠식되어, 슬픔 속에서 관능적이며, 채 살기도 전에 환멸하고, 비극적이지만 미소 짓는 라포르그는 모순과 고통 그리고 분방함과 더불어 그 개성 자체에 의해 데카당스의 분위기와 미학에 "꼭 들어맞"는 것처럼 보인다.

이 세기의 마지막 시인 세대를 덮치는 듯이 보이는 저 새로운 "세기병"—우울과 환멸과 페시미즘으로 이루어진—을 다른 누구보다도 잘 체현한 것은 바로 그다. 그가 남긴 세 시집의 제목은 미소와 고통을 동시에 가져오는 이 "병"의 본질을 잘 나타내고 있다. 《한탄가》(1885), 《성모 **달** 성범聖範Imitation de Notre-Dame la Lune》(1886), 《대지의 흐느낌》(사후 출판 1901). 그는 자신의 병에 대해 명철하며, 병과 하소연의 노래 속에서 놀랍도록 진솔하게 그것을 이야기한다.

신학년 리세의 기숙사 공동침실의 기침소리,
외톨이 삶의 탕약,
동네를 슬프게 하는 폐결핵,
그리고 대도시들의 모든 비참함.

라포르그는 또한 자기 시대의 질병과 추악함에 대해서도 명철했다. 그가 자신의 고통과 불안을 통해, 인이의 모든 자유, 아니 모든 남용까지 부리면서 상기시키고자 한 것은 바로 이것들이다. 그는 《대지의 흐느낌》에 대해 이렇게 쓴다. "이 시집은 고뇌하고 회의하며 허무에 도달하는 1880년의 한 파리 사람의 이야기이자 일기다. 게다가 파리의 배경, 센 강의 석양, 소나기, 질척거리며 미끄러운 포도, 야블로치코프식 아크등들 속에서, 또한 다듬어지고 현대적인 예술가의 언어로, 고상한 취미의 법도 따위에는 개의치 않고, 노출·광폭·방종·기괴함을 두려워하지 않고 쓴 이야기이자 일기다." 이 근본적인 성실성과 이 미학적 자유의 요구는 그를 "자유시"의 가장 능란한 창시자·취급자의 한 사람으로 만들 것이다. 그리고 그의 뒤를 이어 모레아스와 상징주의자들이 이 "자유시"를 시적 현대성의 이상적인 도구로 삼을 것이다. 라포르그는 "자유시" 속에 비속한 것들과 세련된 것들을, 가장 진부한 이미지와 가장 사실적인 용어를 병치함으로써, "때 묻은" 한 세계의 배경과 고통받는 한 영혼의 망집들을 동시에, 힘차고 기발하게 그릴 수 있었다.

감정 봉쇄! 중근동中近東 우편선! …
오! 떨어지는 비! 오! 떨어지는 어둠…
오! 바람! …
만성절, 성탄절 그리고 새해,
오, 안개비 속에, 나의 모든 굴뚝들! …
공장들의…

—〈겨울이 오다〉, 《마지막 시》

1885년 이후 데카당스와 데카당파는 상징주의와 상징파로 대체되는 듯이 보인다. 다만 이들 두 흐름과 두 그룹 사이에 명백한 차이가 있다고 가정한다면 말이다. 왜냐하면 몇몇 시인들, 이를테면 르네 길 같은 사람이 한때 데카당파로 자칭하다가 다음에는 상징파의 "반동"에 합류하기 때문이다. 반동인가 반동들인가? 왜냐하면 이번에도 다시 잡다한 것이 [상징파라는] 하나의 명칭의 단일성 아래 통용되고 있기 때문이다. 상징파를 자칭하려는 사람들 가운데 몇몇은 방빌을 스승으로 내세우고 로망주의의 잔재, 신로망주의의 경련, 그리고 닳아빠지고 자멸해 가는 데카당스의 "기만"에 적대감을 표명한다. 마찬가지로 스스로를 상징파로 부르는 사람들은 베를렌이나 말라르메를 내세우고, 당연하게도 완전히 다른 시적 아카데미즘을 비난한다! 《상징파Le Symboliste》(1886), 《펜La Plume》(1889), 《르 메르퀴르 드 프랑스Le Mercure de France》(1890), 《백색 평론La Revue blanche》(1891) 등, 상징파 운동의 메아리임을 주장하는 잡지들의 수 자체가 이 운동을 구성하는 다양하고 단명한 경향들을 드러내고 있다. 그러나, 때로 너무 지나치게 거드름을 피우는 그 어조에도 불구하고 한 텍스트는 주목할 만한 가치가 있다. 그것은 장 모레아스가 1886

년 9월 18일자 《르 피가로》지에 〈상징주의 선언〉이라는 제목으로 발표한 텍스트이다. 모레아스가 단호하게 정의를 내린 것과 같은 상징주의 시의 지극히 플라톤주의적인 개념을 받아들인 시인은 아마 별로 없었다. 그 대신 "길을 벗어난" 몇몇 시 형식에 대한 첫머리의 맹렬한 비난에 동의하는 시인들은 많았다. "교훈조, 미문조, 거짓된 감수성, 객관적 묘사의 적인 상징시는 **이념**에 감상적 형식을 입히고자 노력한다. 그러나 이 형식은 그 자체가 목적일 수 없으며, 어디까지나 종속적인 위치에서 **이념**의 표현에 기여하리라. **이념**도 또한 외부 세계와의 유추라고 하는 호화로운 장의長衣simarres를 입지 않은 모습을 보여서는 안 된다. 왜냐하면 상징 예술의 본질적 성격은 **이념**을 결코 그 자체 안에 집약시키지 않는다는 데 있기 때문이다. 따라서 상징 예술에서는 자연의 광경, 인간의 행위, 모든 구체적인 현상이 그 자체로서 나타날 수는 없으리라. 그것들은 바로 본원적 **이상**과의 비의적 유사성을 표현하게 되는 감성적 외관이다." 마찬가지로, 모레아스가 같은 〈선언〉에서 무엇보다도 각운과 리듬의 미묘함에 기초한 새로운 시법을 꿈꾸기 시작할 때도, 그는 대부분의 자기 친구들이 소중하게 품고 있던 본질적인 기법 혁신의 희망을 잘 번역한 것이다. 그는 덧붙여 말했다. "새로운 생명을 부여받은 오래된 운율법, 교묘하게 정돈된 혼란, 난해하면서도 매끈한 각운 옆에 황금과 청동의 방패처럼 빛나고 다듬어진 각운, 다양하고 이동하는 휴지休止arrêts를 가진 12음절시구. 몇 가지 종류의 기수각奇數脚의 사용." 사실은 모레아스가 여기서 발견한 자유는 라포르그가 이미 자유시의 사용을 통해 얻어낸 것이었으며, 이후 귀스타브 칸, 스튜어트 메릴[1863-1915]과 비엘레-그리팽[1864-1937] 같은 사람들이 자기들 나름으로 다시 획득하려고 하고 있었던 것이다.

모레아스가 그의 엄숙한 선언으로 약간 작위적인 통일을 강행한 이 매우 혼합적인 상징파 그룹 속에서 눈에 띄는 다른 인물은 누구일까? 맨 먼저, 조심스럽고 우수에 찬 몽상가 알베르 사맹(1858-1900)이 있다. 그의 "내적 풍경"은 실상 베를렌의 뉘앙스보다는 위고나 에레디아 같은 사람들의 장려함을 더 상기시킨다.

내 영혼은 은성하게 차려입은 에스파냐 공주,
영원하고 당당한, 그 귀양살이 모습이,
오래된 에스코리알 관의 쓸쓸한 큰 거울에 비친다.
항구 밖에 잊힌 갤리선과도 같이.

에밀 베라렌(1855-1916)의 경우 힘차고 앙양된 상징주의 시는 특히 그의《촉수의 도시Villes tentaculaires》(1895)에 있어서 노동의 세계로 열렸으며, 상징주의가 비록 이념성에 기반을 두고 "영혼"에게 말하는 것이라 할지라도 그렇다고 일상의 현실세계를 잊어버리는 것이 아님을 증명했다. 끝으로 모리스 메테를랭크(1862-1949)의 시 작품, 그것은 연극에서 거둔 저자의 명성에 너무 가려졌으나—게다가 그 얇은 부피(1889년에 발간된《온실》이라는 제목의 짧은 시집과 뒤따른《열두 샹송》)에도 불구하고—시의 영역에 있어 상징파가 창조한 모든 것을 잘 보여주고 있다. 즉, 일면에서는 몇 가지 감상적인 평범한 주제의, 번민스럽고 때로는 약간 거드름 빼는 연출, 그러나 다른 일면에서는 예리한 통찰력과 유머를 지니고 현실을 바라볼 줄 아는 자에게 현실이 제시하는 엉뚱하고 야릇한 것의 대담한 환기.

혼란에 이를 만큼 잡다하고 "퇴락"에 이를 만큼 지나치게 태를 부린 상징파는 데카당파의 흐름과 마찬가지로 당장에 걸작을 남기기보다는 미래를 위한 약속을 더 많이 남기며 스스로 고갈하려 하고 있었다. 이 고갈을 잘 나타내는 것이 장 모레아스의 표변이다. 1886년 9월의 《르 피가로》지의 논설[〈상징주의 선언〉]과, 같은 해에 발간된 시집 《찬가》에 의해 상징파의 지도자로 받들어졌던 그가 1890년에 벌써 자기 친구들과 결별하고 새로운 "반동" 노선에 투신하려 한 것이다. 이번에는 감상주의의 과잉과 시적 방종[허용]의 남용에 대한 반대다. 그는 자기 이외에 레몽 드 라 타이에드[1867-1938], 에르네스트 레노[1864-1936], 모리스 뒤 플레시[1864-1924] 등 몇몇 시인들과 특히 이론가이자 비평가인 샤를 모라스[1868-1952]를 이끌고 1891년 "로만파l'école romane"를 창설한다. 그 동기는 이른바 툴루즈파l'école de Toulouse 또는 "나튀리스트naturiste" 그룹과 같은 동시대에 일어난 다른 운동들의 그것과 가깝다. 선언에 있어서 여전히 단호한 모레아스는 이 반동에 의해 고전주의의, 아니 더구나 고대의 위대한 모범들이 지닌 엄밀함과 절도를 재발견하여, 초기 로망파의 작품으로부터 상징주의자들의 최신 작품에 이르기까지 한 세기에 걸친 시의 오류들을 지우겠다고 주장한다. 그가 1899년부터 1901년에 걸쳐서 쓰고 《스탕스집》이라는 시사적인 제목으로 내놓는 텍스트에는 일종의 형식적 완성에 의거하여 감정을 제어하려는 욕구(물론 《파르나스》의 시인들의 그것을 상기시키지 않을 수 없는 욕구)가 스며있다. 이 시집에서 볼 수 있는 것은 아름답기는 하나 불모의 폐허가 펼치는 최후의 광경을 간직하는 듯한 시, 이제는 미래가 없는 시의 마지막 표현이다.

수니움, 수니움, 숭고한 해각海角이여
　그지없이 아름다운 하늘 아래,
영혼과 정신의, 인간의 모든 영광의
　요람이여, 무덤이여!

일찍이, 아직 젊은 시절, 장려한 날이
　의기양양 어둠에서 나올 때,
네 모습은, 재빠른 화살처럼,
　내 가슴의 예기를 꺾었다.

아! 피 흐를진저, 이 가슴이여! 그리고 그대, 소멸할 조
[망이여,
　언제까지나 이중으로 겹친 채 간직하렴,
푸른 바다 하얀 거품 위,
　무너져 가는 그 신전을.

상징주의의 체험 속에서 가장 훌륭하고 가장 독창적

이었던 것은 데카당파 운동이나 상징파의 이러한 자기 파괴 속에서도 죽지 않음을 명확히 해두는 일이 남아있다. 1900년에 상징파의 "전투적 자세"가 사라졌다는 말에 의론의 여지가 없다 하더라도, 상징주의적 성찰이라는 점은, 그것이 보들레르로부터 모레아스에 이르기까지 시쓰기의 개념과 실천 양면에 가져온 모든 새로운 것과 더불어 20세기 전반을 통해 계속 그 열매를 맺으며, 무시할 수 없는 흔적을 남기게 된다고 부언해야 한다. 프랑시스 잠과 밀로슈, 클로델과 발레리의 작품들, 게다가 레옹-폴 파르그나 생-존 페르스 같은 사람의 작품이 바로 그것을 증명하고 있다.

결론

시의 사막이나 다름없는 데서 태어난 19세기 프랑스 시는 사막으로 되돌아가지는 않는다. 1900년에, 우리 문학의 "거인들과 등대들"의 세기가 끝날 때, 그리고 우리가 알게 된 그 전도 유망한 현대성의 시대가 열릴 때, 시는 과연 자기 뒤에 "거인들"과, 다가올 세대를 위한 위대한 약속들을 남긴다. 비록 이 부르주아의 대세기가 사실 의론의 여지 없이 소설 창작의 황금시대였고, 이 영역에서 갖가지 기도企圖와 성공을 유감없이 거듭하였으며, 놀라운 다산성으로 발자크, 스탕달, 플로베르 그리고 졸라와 같은 저 소설의 거룩한 괴물들을 낳았다 하도라도, 이 세기는 또한 동시에, 그리고 똑같이 성공을 거둔, 우리 프랑스 시의 황금시대임에 다름이 없는 것이다.

19세기 시의 이 놀라운 개화와 비교될 만한 시대가

있다면 그것은 르네상스 시대가 그러했으며 플레이아드파의 사람들이 빛낸 저 또 하나의 행복감의 시대 이외에는 별로 없으리라. 그러나 그 시대는 또한 분명 시적 엘리트주의의 시대였다. 1800년에서 1900년에 걸쳐 이루어지는 시의 "혁명"은 그와 다르며, 보다 깊고 보다 정열적이다. 물론 시의 언어와 기교의 혁명, 그러나 또한 그 시를 만드는 자와 읽는 자의 내부에 있어서의 혁명이기도 하다. 초기 로망파의 텍스트에서부터 벌써 시가 관상觀想의 향유나 명상의 이해에 바쳐진 단순한 미적 대상으로는 생각되지 않게 되고, "언어"로, 다시 말하여 의미 탄생의 특권적인 장소로, "메시지" 창출의 복잡한 공간으로 되며, 또 실제로 그렇게 확인된다는 것은 명백한 일이다. 그리고 당연한 일이지만 시적 텍스트의 개념에 있어서의 이러한 혁명은 시쓰기의 실천 자체를 생각하는 방식에서 본질적인 변화로 뒷받침되었다. 텍스트가 "순진"하기를 그칠 때, 그것을 낳는 행위 역시 순진성을 잃고 스스로가 하나의 새로운 의미임을 발견하는 것이다. 확인해 두자, 라마르틴으로부터 보들레르를 거쳐 말라르메에 이르기까지 시의 텍스트가 (형식과 주제 양면에서) 변화할 때, 그때마다 텍스트는 더욱더 그 자체에 대한 문제 제기와 재검토로 되어간다는 것을. 마치 시가 그 생성生成의 운동 자체 속에서, 스스로 "자랑으로 삼는" 유일하고 근본적인 것[대상]objet은 바로 시 자신임을 발견하기나 하는 것처럼.

이렇게 해서 라마르틴에게서는 서정적인, 베를렌에게서는 내심적인, 르콩트 드 릴이나 모레아스에게서는 근엄한, 네르발이나 위고에게서는 신화적인, 비니나 보들레르에게서는 극적인, 뮈세나 라포르그에게서는 분방한, 로트레아몽에게서는 환상적인, 랭보나 말라르메에게서는 실험적인 19세기 시는 자기에게 제공된 모든 음역, 모든 음조, 그리고 모든 형식을 남김없이 길어냈다고 말할 수 있으리라. 그럼에도 19세기 시는 교훈주의와 무상적無償的 탐미주의의 낡은 유혹으로부터 반드시 벗어나지는 못했다고, 또는 안이함이나 난해어법hermétisme이라 불리는 새로운 유혹에 때때로 걸려들고 말았다고 비난받을 수도 있으리라. 그러나 어떠랴! 이 세기 전체를 통해 명확히 나타나는 것은 시의 말parole poétique의 본질성이다. 여기서 본질성이란 갖가지 "음조"의 차이에도 불구하고 시의 말은 항상 화해와 탐험으로 생각된다는 의미에서다. **자아**와 그 자신의 화해, **자아**와 사물·세계와의 화해, 또한 **자아**와 그 자신의 언술과의 화해. **자아**—기지이건 미지이건—의 탐험, 현실

내지 초현실에서의 세계의 탐험, 어쨌든 시의 말verbe과 언술에 의한 탐험.

약서지

1. 세기 전반에 관하여

G. Picon, La poésie au XIXe siècle, in *Histoire des Littératures*, III, coll. Encyclopédie de la Pléiade, Gallimard, 1967.

R. Sabatier, *La poésie du XIXe siècle*, Paris: Michel, 1977.

2. 로망주의 전반에 관하여

A. Béguin, *L'âme romantique et le rêve*, Marseille: Cahiers du Sud, 1937.

H. Peyre, *Qu'est-ce que le romantisme?*, PUF, 1971.

G. Poulet, *Trois essais de mythologie romantique*, José Corti, 1966.

J.-P. Richard, *Etudes sur le romantisme*, Seuil, 1971.

3. 라마르틴에 관하여

H. Guillemin, *Lamartine, l'homme et l'œuvre*, Boivin, 1940.

M.-F. Guyard, *Lamartine*, Éditions universitaires, 1956.

4. 뮈세에 관하여

P. Gastinel, *Le romantisme d'Alfred de Musset*, Hachette, 1933.

H. Lefebvre, *Musset*, L'Arche, 1970.

5. 비니에 관하여

P.-G. Castex, *Vigny, l'homme et l'œuvre*, Boivin, 1942.

H. Guillemin, *M. de Vigny, homme d'ordre et poète*, Gallimard, 1955.

P. Moreau, *« Les Destinées » de Vigny*, Malfère, 1936.

P. Viallaneix, *Vigny par lui-même*, Seuil, 1964.

6. 위고에 관하여

P. Albouy, *La création mythologique chez Victor Hugo*, José Corti, 1963.

L. Aragon, *Avez-vous lu Victor Hugo?*, Les éditeurs français réunis, 1952.

C. Balaudé-Treilhou, *Hugo*, Nathan, 1991

H. Guillemin, *Victor Hugo par lui-même*, Seuil, 1951.

7. 네르발에 관하여

A. Béguin, *Gérard de Nerval*, José Corti, 1945.

L. Cellier, *Gérard de Nerval, l'homme et l'œuvre*, Hatier, 1956.

M.-J. Durry, *Gérard de Nerval et le mythe*, Flammarion, 1956.

R. Jean, *Nerval par lui- même*, Seuil, 1963.

J. Richer, *Nerval, expérience et création*, Hachette, 1963.

8. 파르나스파에 관하여

P. Flottes, *Leconte de Lisle, l'homme et l'œuvre*, Hatier-Boivin, 1954.

M. Ibrovak, *José Maria de Hérédia*, Paris, 1933.

R. Jasinski, *Les années romantiques de Théophile Gautier*, Vuibert, 1929.

P. Martino, *Parnasse et symbolisme*, A.Colin, 1967.

9. 1850-1900년 시기 전반에 관하여

J.-P. Richard, *Poésie et profondeur*, Seuil, 1955.

M. Raymond, *De Baudelaire au surréalisme*, José Corti, 1940.

10. 보들레르에 관하여

L.-J. Austin, *L'univers poétique de Baudelaire*, Mercure de France, 1956.

G. Blin, *Baudelaire*, Gallimard, 1939.

Y. Charnet, *Baudelaire*, Nathan, 1992.

P.-J. Jouve, *Tombeau de Baudelaire*, Seuil, 1958,

C. Mauron, *Le dernier Baudelaire*, José Corti, 1966.

H. Peyre, *Connaissance de Baudelaire*, José Corti, 1951.

J. Pommier, *La mystique de Baudelaire*, Les Belles Lettres, 1932.

M. Quesnel, *Baudelaire solaire et clandestin*, PUF, 1987.

M.-A. Ruff, *Baudelaire*, Hatier, 1966.

J.-P. Sartre, *Baudelaire*, Gallimard, 1963.

P. Valéry, « Situation de Baudelaire », in *Variété II*, NRF, 1930.

11. 로트레아몽에 관하여

G. Bachelard, *Lautréamont*, José Corti, 1939.

M. Blanchot, *Lautréamont et Sade*, Minuit, 1949.

M. Pleynet, *Lautreamont par lui-même*, Seuil, 1974.

M. Philip, *Lectures de Lautréamont*, A. Colin, 1971.

12. 랭보에 관하여

Y. Bonnefoy, *Rimbaud par lui-même*, Seuil, 1961.

A. Borer, *Rimbaud en Abyssinie*, Seuil, 1984.

R. Étiemble, *Le mythe de Rimbaud*, Gallimard, 1968.

E. Noulet, *Le premier visage de Rimbaud*, Bruxelles: Palais des Académies, 1953.

J. Plessen, *Promenade et poésie: l'expérience de ta marche et du mouvement dans l'œuvre de Rimbaud*, La Haye: Mouton, 1967.

G. Poulet, *La poésie éclatée*, PUF, 1980.

D. Rincé, *Rimbaud*, Nathan, 1992.

13. 베를렌에 관하여

A. Adam, *Le vrai Verlaine*, Hatier, 1965.

C. Treilhou-Balaudé, J-F. Balaudé, *Verlaine*, Nathan, 1993.

J.-H. Bornecque, *Verlaine par lui-même*, Seuil, 1966.

O. Nadal, *Paul Verlaine*, Mercure de France, 1961.

P. Petitfils, *Veralaine*, Julliard, 1981.

E. Zimmermann, *Magies de Verlaine*, José Corti, 1967.

14. 말라르메에 관하여

M. Blanchot, *L'espace littéraire*, Gallimard, 1955.

______, *Le livre à venir*, Gallimard, 1959.

R. de Gourmont, L'exégèse de Mallarmé, in *Promenades littéraires 5*, Mercure de France, 1913.

C. Mauron, *Mallarmé l'obscur*, Denoël, 1941.

G. Michaud, *Mallarmé*, Hatier, 1958.

E. Noulet, *L'œuvre poétique de Stéphane Mallarmé*, Droz, 1940.

G. Poulet, *Etudes sur le temps humain*, t. II, Plon, 1952.

J.-P. Richard, *L'univers imaginaire de Mallarmé*, Seuil, 1962.

A. Thibaudet, *La poésie de Stéphane Mallarmé*, NRF, 1912.

P. Valéry, *Variété II*, NRF, 1930.

15. 데카당스와 상징주의에 관하여

M. Décaudin, *La crise des valeurs symbolistes, vingt ans de poésie française*, Toulouse: Privat, 1960.

G. Michaud, *Message poétique du symbolisme*, Nizet, 1947.

H. Peyre, *Qu'est-ce que le symbolisme?*, PUF, 1974.

N. Richard, *Le mouvement décadent*, Nizet, 1968.

1985년 초판 역자 후기

이 책은 Dominique Rincé, *La poésie française du XIXe siècle*, coll. Que sais-je?, Presse Universitaire de France, 1977를 전역全譯한 것이다.

앞서 우리는 같은 저자(그리고 같은 '크세주' 총서)의 《프랑스 19세기世紀 문학文學》을 번역하였으며(고대 출판부高大出版部 간刊), 그 '역자譯者 후기後記'에서 매우 간략하나마 저자 도미니크 랭세의 이력과 그 문학사文學史 기술記述의 의도와 방법을 소개한 바 있다.

상기上記 저서보다 1년 먼저 발간된 이 책은 그러니 이미 같은 목소리, 같은 시점視點으로 프랑스 19세기 시詩의 명쾌하고 수미일관한 조감도를 제시하고 있다고 할 수 있다. 다시 말하여, 여기서도 저자는 그동안의 문학 연구·비평에 관한 새로운 성찰의 제 성과를 십분 받아들이면서 로망주의에서 상징주의, 라마르틴에서 보들레르를 거쳐 말라르메에 이르는 프랑스 시詩의 다양하고도 고통에 찬 도정道程을 요컨대 사회·**역사** 속에서의 **자아**自我의 해방과 "탐험", 이른바 "시의 말parole poétique의 본질성"이라는 통일적 관점에서 파악·서술하는 데 성공하고 있다. 우리는《프랑스 19세기世紀 문학文學》의 경우와 마찬가지로, 프랑스 19세기 시詩를 다룬 이 책 역시 설득력을 지닌 새로운 개관서로서의 역할을 충분히 하고 있다고 믿는다.

그러나, 프랑스의 학술·비평 서적에서 흔히 볼 수 있듯이, 이 책에서도 각종 인용문이나 작품의 간행연도 등의 오기誤記들을 자주 보게 된다. 우리는 앞서의 역서譯書에서처럼, 저자의 잘못이나 명백한 오식誤植이 발견될 때마다 이를 수정하고, 저자가 사용한 텍스트 자체에 문제가 있을 경우에는 다른 여러 판본들과 대조하여 보다 정확·타당하다고 판단되는 텍스트에 따라 우리말로 옮겨놓았다. 또한 독자의 이해를 돕기 위해 원서에 없는 두 가지 색인索引을 책 말미에 붙이고, [ ] 안에 간단한 보충의 주註를 달아놓은 것도 위의 역서譯書의 경우와 같다. 그러나 본서本書에서도 그 원전原典을 직접 대조하지 못한 인용문이나 확인하지 못한 연대들이 몇 가지 있었으며, 이를 번역 기타 미비한 점과 아울러 후일 보완·수정할 수 있기를 바란다.

번역에 있어 다행히도 일어 번역본을 참고할 수 있었음을 밝히고 역자 아베 요시오阿部良雄 ·사토 도요마로佐藤東洋麿 두 교수教授에게 감사한다.《프랑스 19세기世紀 문학文學》에 이어 함께 수고해 주신 고대 출판부 여러분에게, 그리고 이번에도 원고 정리와 색인 작성에 노고가 많았던 대학원 학생 김선경 양에게 감사한다.

1985년 9월

강성욱 康星旭

황현산 黃鉉產

개정판을 내며

강성욱 선생님이 돌아가신 지 벌써 3년이 지났다. 이 번역본의 개정판을 내면서 선생님의 가르침을 얻지 못하게 된 것은 혼자 남은 역자에게 매우 큰 슬픔이지만, 이 책을 읽을 독자들에게도 적잖은 정신적 손실이 아닐 수 없다.

이 개정판에서 개정된 부분은 많지 않다. 무엇보다도 선생님의 학문적 진지성과 염결성이 깃들어 있는 문장들의 조직을 바꾼다는 것은 매우 어려운 일일 뿐만 아니라 마음 내키지 않는 일이었기 때문이다.

많은 한자들을 한글로 바꾸었다. 이는 어쩔 수 없이 시대의 추세에 따른 것이지만, 한자어를 한글로만 읽어 그 뜻을 파악할 수 있는 일반의 독서능력이 그만큼 향상되었다는 생각에서 위안을 얻기도 했다. 이와 함께 초판에서 역자들이 독자적으로 개발하여 사용하였던 외래어 표기법을 포기하고 문화관광부 외래어 표기안을 준수하였으며, 몇 가지 낡은 어구들을 읽기 쉬운 '현대어'로 바꾸었다. 이 역시 시대의 추세를 따른 것이다.

서양어로 된 문학 관련 서적을 번역·출판할 때 늘 문제가 되는 것은 이탤릭체와 대문자로 표기된 낱말들의 처리이다. 초판에서는 여러 가지 문장부호와 방점 등을 사용하여 이를 반영하려 하였으나 이 부호들은 시각적으로 번잡할 뿐만 아니라 그 효과 또한 의심스러웠다. 개정판에서는 우선 원문의 이탤릭체를 그와 대응하는 한글 사체로 표기하였다. 또한 의인화 등을 목적으로 두문자를 대문자로 사용한 낱말들의 경우 지문과 구별되는 특별한 글꼴로 표기하고, 고유명사들에도 같은 글꼴을 부여함으로써, 그 종류의 낱말들이 텍스트에서 같은 자격을 지니고 있음을 표시하였다. 이 해결책은 분명 모험에 해당하지만 기존 출판물에 이와 유사한 사례가 없지 않았다는 점에서 용기를 얻는다.

초판의 역자 후기에서도 밝혔듯이, 역자들은 원 텍스트의 각종 인용문이나 간행연도 등에서 오기나 오식이 발견될 때마다 이를 수정하였으나, 그 원전을 직접 대조하지 못한 인용문이나 확인하지 못한 연대들이 없지 않았다. 이를 번역상의 기타 미비한 점과 아울러 후일 보완·수정하기로 약속하였으나, 이 개정판에서도 그 약속이 완전히 지켜지지 않았다. 선생님의 영전에서건 독자들을 마주해서건 다시 후일을 기약하는 마음이 가볍지 않다.

2007년 9월

황현산

찾아보기

찾아보기는 인명(작중인물 포함)과 책·작품명 등의
두 종류로 각기 가나다순으로 배열하였다.

인명 중, 작중인물의 경우에는 '이름'을 표제어로
하여 실었다.

인명

ㄱ

게랭, 모리스 드	Maurice de Guérin	137
고티에, 테오필	Théophile Gautier	11, 13, 21, 101-105, 108, 111, 112, 116, 121, 136, 184
괴테	Goethe	25, 35, 90
기로, 알렉상드르	Alexandre Guiraud	20
기스, 콩스탕탱	Constantin Guys	198
길, 르네	René Ghil	183, 200, 203

ㄴ

나폴레옹	Napoléon	10
나폴레옹 3세	Napoléon III	77
네르발, 제라르 드	Gérard de Nerval	9, 12, 13, 21, 32, 58, 89, 91-96, 102, 197, 212
노디에, 샤를	Charles Nodier	21

노발리스	Novalis	25
누보, 제르맹	Germain Nouveau	199

ㄷ

다비드 당제, 피에르-장	Pierre-Jean David d'Angers	21
단테	Dante	25
데보르드-발모르, 마르슬린	Marceline Desbordes-Valmore	20, 89
데샹, 에밀	Emile Deschamps	19, 20
도르발, 마리	Marie Dorval	63
뒤마, 알렉상드르	Alexandre Dumas	21
뒤발, 잔	Jeanne Duval	121, 136
뒤부아, 폴	Paul Dubois	20
뒤카스, 이지도르 [로트레아몽]	Isidore Ducasse	147
뒤 플레시, 모리스	Maurice du Plessys	207
드루에, 쥘리에트	Juliette Drouet	75, 79
드므니, 폴	Paul Demeny	160, 161, 167
드뷔시, 클로드	Claude Debussy	182, 191
들라크루아	Delacroix	21
들레클뤼즈, 샤를	Charles Delécluze	20
들릴 신부	Delille	8

ㄹ

라마르틴, 알퐁스 드	Alphonse de Lamartine	10, 13, 21, 27, 30, 32, 34, 35, 37, 39, 40-45, 47, 48, 51, 66, 69, 72, 76,

		105, 126, 154, 197, 200, 211, 212
라므네, 펠리시테-로베르 드	Félicité-Robert de Lamennais	40, 106
라브뤼니, 제라르[네르발]	Gérard Labrunie	89, 90
라신, 장	Jean Racine	21, 24, 51
라크루아, 알베르	Albert Lacroix	147
라 타이에드, 레몽 드	Raymond de La Tailhède	207
라투슈, 앙리 드	Henri de Latouche	19
라티스본, 루이	Louis Ratisbonne	63
라포르그, 쥘	Jules Laforgue	183, 198-202, 205, 212
랭보, 아르튀르	Arthur Rimbaud	11, 13, 49, 96, 138, 144, 146, 154, 157, 159, 160, 163, 166, 167, 170, 171, 174, 175, 177, 178, 181-184, 188, 197, 212
레노, 에르네스트	Ernest Raynaud	207
레니에, 앙리 드	Henri de Régnier	51, 183
레뮈자, 샤를 드	Charles de Rémusat	21, 22
로덴바흐, 조르주	Georges Rodenbach	199
로렌초	Lorenzo	52
로시니, 조아키노	Gioachino Rossini	90
로트레아몽	Lautréamont	13, 144, 146, 147, 150-152, 154, 182, 212
롤랑	Roland	83
롱사르, 피에르	Pierre Ronsard	35, 90
루소, 장-바티스트	Jean-Baptiste Rousseau	8
루소, 장-자크	Jean-Jacques Rousseau	26, 40
루이-나폴레옹	Louis-Napoléon	77

루이-필리프	Louis-Philippe	77
뤼지냥	Lusignan	93
르메르, 알퐁스	Alphonse Lemerre	112
르브룅, 피에르	Pierre Leburn	8, 20
르콩트 드 릴, 샤를 마리 르네	Charles Marie René Leconte de Lisle	11, 13, 101, 105-109, 111-114, 116, 154, 212

ㅁ

마네, 에두아르	Édouard Manet	181
마로, 클레망	Clément Marot	116
마호메트	Mahomet	83
말도로르	Maldoror	148, 149, 151
말라르메, 스테판	Stéphane Mallarmé	11, 13, 88, 92, 112, 144, 146, 170, 182-184, 186-191, 193, 195-197, 203, 211, 212
말레르브, 프랑수아 드	François de Malherbe	26, 144
망데스, 카튈	Catulle Mendès	112
메리메, 프로스페르	Prosper Mérimée	21, 22
메릴, 스튜어트	Stuart Merrill	205
메테를랭크, 모리스	Maurice Maeterlinck	206
모라스, 샤를	Charles Maurras	207
모레아스, 장	Jean Moréas	198, 202-207, 209, 212
모세	Moïse	60, 61, 78
모차르트	Mozart	90
모테, 마틸드	Mathilde Mauté	173
뮈세, 알프레드 드	Alfred de Musset	9, 22, 31, 45, 48, 49, 51, 52,

54, 57-59, 69, 72, 126, 212
미카엘, 에프라임 Ephraim Mikhaël 199
밀로슈 Miloscz 209

ㅂ

바이런 Byron 25, 35, 60
바쥐, 아나톨 Anatole Baju 200
바토, 앙투안 Antoine Watteau 172
발레리, 폴 Paul Valéry 14, 183, 189, 194, 209
발자크, 오노레 드 Honoré de Balzac 21, 22, 210
방빌, 테오도르 드 Théodore de Banville 101, 113, 114, 154, 184, 203
번스, 로버트 Robert Burns 25
베라렌, 에밀 Emile Verhaeren 206
베르나르댕 드 생-피에르, 자크-앙리 Jacques-Henri Bernardin de Saint-Pierre 26
베르트랑, 알로이시위스 Aloysius Bertrand 137
베를렌, 폴 Paul Verlaine 11, 13, 49, 112, 144, 146, 160, 162, 163, 170-177, 179-182, 184, 188, 197, 198, 203, 205, 212
베버 90
보들레르, 샤를 Charles Baudelaire 10, 11, 13, 32, 89, 96, 105, 112, 118-120, 122-130, 136, 137, 139-144, 146, 150, 157, 171, 175, 176, 182, 184, 186, 187, 197-199, 209, 211, 212
볼테르 Voltaire 8

브르통, 앙드레	André Breton	148, 153
블랑쇼, 모리스	Maurice Blanchot	152, 191, 195
블랑슈 박사	Dr Blanche	91
비니, 알프레드 드	Alfred de Vigny	9, 20, 22, 30, 31, 32, 51, 59-66, 68-70, 72, 92, 124, 138, 176, 212
비롱	Biron	93
비르길리우스	Virgile	93
비바르	Bivar	83
비엘레-그리팽, 프랑시스	Francis Vielé-Griffin	205

ㅅ

사드 후작	le marquis de Sade	153
사르트르, 장-폴	Jean-Paul Sartre	193
사맹, 알베르	Albert Samain	205
사바티에 부인	Mme Sabatier	136
상드, 조르주	Georges Sand	53, 54
생-존 페르스	Saint-John Perse	209
생트-뵈브, 샤를-오귀스탱	Charles-Augustin Sainte-Beuve	21, 22, 89
샤를, 쥘리	Julie Charles	35
샤토브리앙, 프랑수아-르네 드	François-René de Chateaubriand	19, 21, 24, 26, 35, 40, 60, 144
셰니에, 앙드레	André Chénier	8, 19, 60
셰익스피어	Shakespeare	25
셸링	Schelling	25
수메, 알렉상드르	Alexandre Soumet	20

스낭쿠르, 에티엔 피베르 드	Etienne Pivert de Senancour	26
스콧, 월터	Walter Scott	73
스탈 부인	Mme de Staël	24, 26, 30, 31, 32, 35
스탕달	Stendhal	18, 20, 21, 210
실러	Schiller	25
실비	Sylvie	95

ㅇ

아폴리네르, 기욤	Guillaume Apollinaire	14
안드로클레스	Androclès	83
에레디아, 조제-마리아 드	José-Maria de Heredia	13, 101, 112, 115-117, 171, 205
에비라드누스	Eviradnus	83
엘로아	Eloa	60
엘비르	Elvire	35
영, 에드워드	Edward Young	25, 54
오렐리아	Aurélia	95
오르페우스	Orphée	95, 191, 195
오를레앙 공비	la duchesse d'Orléans	77
오시안	Ossian	25
오피크 장군	le général Aupick	120
위고, 레오폴딘	Léopoldine Hugo	77, 79
위고, 빅토르	Victor Hugo	9, 12, 13, 18-22, 27, 28, 30, 32, 49-51, 59, 71-75, 77-80, 82-89, 96, 102, 106, 109, 137, 150, 154, 183, 197, 200, 205, 212

위고, 아벨	Abel Hugo	19
위고, 외젠	Eugène Hugo	19
이장바르, 조르주	Georges Izambard	154, 160, 161

ㅈ

잠, 프랑시스	Francis Jammes	209
졸라, 에밀	Emile Zola	210
지드, 앙드레	André Gide	183
지라르댕 부인	Mme de Girardin	81

ㅋ

카인	Caïn	83
카잘리스, 앙리	Henri Cazalis	188
칸, 귀스타브	Gustave Kahn	183, 205
칸트	Kant	25
코르네유, 피에르	Pierre Corneille	51
코르비에르, 트리스탕	Tristan Cobière	199, 200
코페, 프랑수아	François Coppée	101, 112, 115, 154, 189
콜롱, 제니	Jenny Colon	91, 95
콩스탕, 뱅자맹	Benjamin Constant	26
크로, 샤를	Charles Cros	199
클로델, 폴	Paul Claudel	167, 183, 209
키츠, 존	John Keats	25

ㅌ

타이아드, 로랑	Laurent Tailhade	199

ㅍ

파르그, 레옹-폴	Léon-Paul Fargue 209	
퐁트넬	Fontenelle	7
푸리에, 샤를	Charles Fourier	106
프로메테우스	Prométhée	162
프뤼돔, 쉴리	Sully Prudhomme	101, 112, 114
플로베르, 귀스타브	Gustave Flaubert	108, 119, 123, 210
피콩, 가에탕	Gaëtan Picon	23, 88, 112
피히테	Fichte	25

ㅎ

호메로스	Homère	60, 150
호프만	Ernst Theodor Wilhelm Hoffmann	90
횔덜린	Hölderlin	25

책 · 작품 · 신문 · 잡지

〈5월의 밤〉	La Nuit de Mai	54
〈8월의 밤〉	La Nuit d'Août	56
〈10월의 밤〉	La Nuit d'Octobre	57
〈12월의 밤〉	La Nuit de Décembre	55
〈yx 각운의 소네트〉	Sonnet en yx	194

ㄱ

《가난한 사람들》	Les Humbles	115

《가을의 나뭇잎》	Les Feuilles d'automne	74
〈가을의 노래〉	Chanson d'automne	171
〈가장 새로운 말〉	Novissima Verba	32, 40
〈갈증의 희극〉	Comédie de la soif	163
〈감각〉	Sensation	155
〈감람산〉	Le Mont des Oliviers	67
〈거리들〉	Villes	167
《거리와 숲의 노래》	Les Chansons des rues et des bois	84
〈검은 표범〉	La Panthère noire	110
〈겨울이 오다〉	L'hiver qui vient	202
《계시록》	Apocalypse de Jean	150
《고대·근대 시집》	Les Poèmes antiques et modernes	60
《고대시집》	Les Poèmes antiques	107, 109
《고독》	Les Solitudes	115
〈고양이들〉	Les Chats	133
〈골짜기〉	Le Vallon	37
〈골짜기에 잠든 자〉	Le Dormeur du val	155
《공포의 해》	L'Année terrible	84
《관상시집》	Les Contemplations	72, 79, 82, 85, 87
《교황》	Le Pape	84
《군대의 굴종과 위대함》	Servitude et Grandeur militaires	62
《그녀에게 바치는 노래》	Chansons pour elle	179
《그 영예를 기리는 오드》	Odes en son honneur	179
〈기아의 축제〉	Fêtes de la faim	163
〈꽃들〉	Fleurs	169

ㄴ

〈나무나〉	Namouna	52
〈나의 방랑〉	Ma Bohème	154
〈내 딸을 위한 몇 마디〉	Pauca meae	79
《내면일기》	Journaux intimes	124
《내심의 소리》	Les Voix intérieures	75, 76
〈네아이라〉	Néaere	9
〈노래〉	Chansons	193
〈놀란 아이들〉	Les Effarés	155
〈눈물〉	Larme	163
〈늑대의 죽음〉	La Mort du loup	63, 67
〈니나의 대답〉	Les Réparties de Nina	156
〈니오베〉	Niobé	109

ㄷ

《단란한 삶》	Les Intimités	115
〈단장〉	Phrases	167
《단편집》	Contes	90
〈달에 부치는 발라드〉	Ballade à la lune	50
《대지의 흐느낌》	Le Sanglot de la Terre	201
〈대홍수〉	Déluge	60
〈데 제생트를 위한 산문〉	Prose pour des Esseintes	193
《델핀》	Delphine	26
〈독〉	Le Poison	132, 133
《독일론》	De l'Allemagne	24
《동방시집》	Les Orientales	49, 72, 73, 74, 137

〈떡갈나무〉	Le Chêne	40

ㄹ

《라 데카당스》	La Décadence	200
〈라신과 셰익스피어〉	Racine et Shakespeare	21
《레스비엔들》	Les Lesbiennes	123
《로렌자치오》	Lorenzaccio	49, 52
〈롤라〉	Rolla	52
《롱델집》	Rondels	113
〈뤼시〉	Lucie	53
《르 글로브》	Le Globe	20, 21
《르네》	René	26
《르 데카당》	Le Décadent	200
《르 메르퀴르 드 프랑스》	Le Mercure de France	203
《르 피가로》	Le Figaro	204, 207

ㅁ

《마리안의 변덕》	Les Caprices de Marianne	48
〈마신〉	Les Djinns	73
《마음 속의 예전》	Liturgies intimes	179
《마지막 시》	Derniers vers	202
〈만국박람회〉	Exposition universelle	122
《말도로르의 노래》	Les Chants de Maldoror	146-148, 153
《말 없는 연가》	Romances sans paroles	174
《명상시집》	Les Méditations poétiques	10, 34, 35, 37, 38, 48, 106

〈모세〉	Moïse	60
〈모음〉	Voyelles	163
〈목마〉	Chevaux de boix	180
〈목신의 오후〉	L'Après-Midi d'un faune	191
〈목자의 집〉	La Maison du berger	64, 65, 70
〈묘비명〉	Epitaphe	58, 97
〈무덤〉	Tombeau	193
《문학론》	De la littérature	24, 30
《문학 수호자》	Le Conservateur littéraire	19, 59, 72
〈미〉	La Beauté	139
〈미르토〉	Myrtho	93
〈미술전 비평〉	Les Salons	122
〈밀로의 비너스〉	Vénus de Milo	109

ㅂ

〈바다에 던져진 병〉	La Bouteille à la mer	63, 68
〈바다의 밤〉	Océano Nox	76
《바쿠스의 여제관》	La Bacchante	137
《박명의 노래》	Les Chants de crèpuscule	75
《발라드 집》	Ballades	49, 72, 73
〈발코니〉	Le Balcon	133
《밤》[뮈세]	Les Nuits [Musset]	9, 45, 48, 54
《밤》[영]	The Complaint, or Night-Thoughts on life, Death and Immortality [Young]	54
《밤의 가스파르》	Gaspard de la nuit	137
《백색 평론》	La Revue blanche	203

〈백장조 교향곡〉	Symphonie en blanc majeur	104
〈백조〉	Le Cygne	114
〈별〉	Stella	79
《보바리 부인》	Madame Bovary	123
《보헤미아의 작은 성들》	Petits Chateaux de Bohème	90
〈불멸〉	L'Immortalité	38
〈불운〉	Le Guignon	130, 185
《불의 딸들》	Les Filles du Feu	32, 92
《빛과 그림자》	Les Rayons et les Ombres	72, 75

ㅅ

《사랑》	Amour	179
〈사랑의 죄〉	Crimen Amoris	180
《사탄의 종말》	La Fin de Satan	72, 82, 83, 86
《산책과 실내》	Promenades et Intérieurs	115
〈삼손의 분노〉	La Colère de Samson	63, 67
〈상승〉	Elévation	130, 144
〈상징주의 선언〉	Manifeste du symbolisme	204, 207
《상징파》	Le Symboliste	203
〈새벽〉	Aube	169
〈새봄〉	Renouveau	185
《성모 '달' 성범》	L'Imitation de Notre-Dame la Lune	201
《성유물함》	Le Reliquaire	115
〈성주〉	Les Burgraves	77
〈소박한 벽화〉	Simples Fresques	176
《소산문시집》	Petits Poèmes en prose	124, 137

《소오드집》	Odelettes	113
〈순수정신〉	L'Esprit pur	63, 68
〈순수하고 강건하며 아름다운 자는 오늘…〉	Le vierge, le vivace et le ble aujourd'hui…	193
《스탕스와 시》	Stances et Poèmes	115
《스탕스집》	Stances	207
《스텔로》	Stello	62
《스페인과 이탈리아 이야기》	Contes d'Espagne et d'Italie	49
〈슬픔〉	Tristesse	58
《시련》	Les Epreuves	115
《시론》	Traité sur la poésie	7
〈시법〉	Art poétique	179, 180
〈시의 운명에 대하여〉	Des destinées de la poésie	43
《시적·종교적 해조》	Les Harmonies poétiques et religieuses	38-40
《시집》	Poémes	60
《신》	Dieu	72, 82, 83
《신명상시집》	Les Nouvelles Méditations poétiques	35
《실비》	Sylvie	92, 94
〈썩은 송장〉	Une Charogne	127

ㅇ

《아돌프》	Adolphe	26
《악의 꽃》	Les Fleurs du Mal	105, 123, 124, 129, 135, 136, 138, 140, 143, 146, 150, 157, 184, 186
〈안토니우스와	Antoine et Cléopâtre	117

클레오파트라〉		
〈알바트로스〉	L'Albatros	126, 138, 185
〈앙리아드〉	La Henriade	8
《야만시집》	Les Poèmes barbares	107, 109
〈야성의 여인〉	La Sauvage	67
《어느 탕아의 고백》	La Confession d'un enfant du siècle	49
《어둠의 입…》	…la bouche d'ombre	32, 81
〈에드거 포의 무덤〉	Le Tombeau d'Edgar Poe	193
〈에로디아드〉	Hérodiade	191
〈에르나니〉	Hernani	102
《에밀》	Émile	40
《에스파냐》	España	103
〈에필로그〉	Epilogue	143
〈엘로아〉	Eloa	60
《여러 세기의 전설》	La Légende des siècle	72, 82-84, 89, 109
《여인상주》	Les Cariatides	113
〈여행〉	Le Voyage	135
〈여행에의 초대〉	L'Invitation au vovage	134
《열두 샹송》	Douze chansons	206
〈영원〉	L'Eternité	163
《예술》	Art	111
〈예술〉	L'Art	103, 104
《예와 요즈음》	Jadis et Naguère	179
《오드와 발라드집》	Odes et Ballades	72
《오드집》	Odes	72, 73
《오렐리아》	Aurélia	92-94, 96

《오베르만》	Oberman	26
〈오필리아〉	Ophélie	154
《온실》	Serres chaudes	206
〈왜 그런지 몰라도…〉	Je ne sais pourquoi	180
《우아한 향연》	Fêtes galantes	172
〈우울〉	Spleen	127
《운명》	Les Destinées	63, 68, 69, 92, 138
〈운명〉	Les Destinées	64
〈원수〉	L'Ennemi	130
《유쾌한 발라드집》	Ballades joyeuses	113
〈음악에 맞추어〉	À la musique	154
〈이방의 향기〉	Parfum exotique	131, 134
《이앙브》	Iambes	9
〈인내의 축제〉	Fêtes de la patience	163
《일뤼미나시옹》	Illuminations	97, 138, 146, 166-169
〈잊혀진 아리에타〉	Ariettes oubliées	175

ㅈ

〈작별〉	Adieu	165
〈잠시의 갬〉	Eclaircie	81, 86
〈저녁의 해조〉	Harmonie du soir	137
〈전생〉	La Vie antérieure	128, 186
《전승비》	Les Trophées	116
〈젊은 여죄수〉	La Jeune Captive	9
〈정복자들〉	Les Conquérants	117
〈정오〉	Midi	110

《정의》 La Justice 115
《조슬랭》 Jocelyn 41-43
〈조응〉 Correspondances 139-141
《종유석》 Les Stalactites 113
《좋은 노래》 La Bonne Chanson 173
《주사위를 한번 던짐은…〉 Un coup de dés … 195
《줄타기 오드집》 Odes funambulesques 113
〈지는 해〉 Soleils couchants 171
《지옥에서 보낸 한 철》 Une saison en enfer 164
《지혜》 Sagesse 171, 177, 178
《진보평론》 La Revue de Progrès 111
《징벌시집》 Les Châtiments 9, 72, 77, 82

ㅊ

《찬가》 Les Cantilènes 207
〈창〉 Les Fenêtres 186
《채터튼》 Chatterton 62
《천사의 타락》 La Chute d'un ange 41
〈첫 성체배령〉 Les Premières Communions 155
《촉수의 도시》 Les Villes tentaculaires 206
〈축복〉 Bénédiction 185
〈취한 배〉 Le Bateau ivre 157, 160
《칠보와 카메오》 Emaux et Camées 103

ㅋ

〈카니발〉 Carnaval 104

〈카시스의 강〉	La Rivière de Cassis	163
《켄타우로스》	Le Centaure	137
〈코끼리〉	Eléphants	110
《코린》	Corinne	26
〈콘도르의 잠〉	Sommeil du Condor	110, 114
〈크롬웰〉	Cromwell	22, 73

ㅌ

〈타랑트의 아가씨〉	La Jeune Tarentine	9
《토성인 시집》	Poèmes saturniens	171

ㅍ

《파리의 우울》	Le Spleen de Paris	137
《파우스트》	Faust	90
〈파이프〉	La Pipe	131
〈팡테지〉	Fantaisie	90
《펜》	La Plume	203
〈펠릭스 기유마르데에게 보내는 서간시〉	L'Epître à Félix Guillemardet	44, 76
〈편지〉	Lettre	85
《평행하며》	Parallélement	179
〈평화의 라마르세예즈〉	La Marseillaise de la Paix	44
〈폐적자〉	El Desdichado	93
〈포도밭과 집〉	La Vigne et la Maison	45
《프랑스 시법 소론》	Petit Traité de versification française	113
《프랑스의 시신》	La Muse française	19-21

ㅎ

《한탄가》	Les Complaintes	201
《할아버지 노릇하는 법》	L'Art d'être grand-père	84
《행복》[베를렌]	Bonheur [Verlaine]	179
《행복》[프뤼돔]	Le Bonheur [Sully Prudhomme]	115
〈헌정〉	Hommages	193
〈혁명에 관한 오드〉	Ode sur les révoutions	44
〈현대생활의 화가〉	Le Peintre de la vie moderne	198
《현대 파르나스 시집》	Le Parnasse contemporain	112, 119, 171, 184
〈호수〉	Le Lac	36
《환상》	Les Chimères	32, 92, 94-97
《환상파 평론》	La Revue fantaisiste	111
〈황금 시편〉	Vers dorés	96

프랑스 19세기 시

초판 발행 1985년 11월 5일
개정판 1쇄 2021년 2월 25일

지은이 도미니크 랭세
옮긴이 강성욱·황현산

펴낸곳 고려대학교출판문화원
www.kupress.com
kupress@korea.ac.kr
(02841) 서울특별시 성북구 안암로 145
Tel 02-3290-4230, 4232
Fax 02-923-6311

북디자인 오진경
찍은곳 네오프린텍(주)

ISBN 979-11-90205-56-6 92860
값 14,000원
※ 잘못 만들어진 책은 바꿔 드립니다.